超インテリアの思考

山本想太郎

晶文社

挿画　青山邦彦

装丁　岩瀬聡

超インテリアの思考
目次

はじめに

私たちはそろそろ、「都市」「建築」「インテリア」などと峻別された堅苦しい生活空間から卒業しなくてはいけないのではないだろうか。日本における「超インテリア」時代の到来のなかで、自由で豊かな生の環境を自分自身でつくっていくための基本素養として、本書は「超インテリアの思考」を提唱したい。

あなたが部屋の模様替えを思い立ったとして、はたしてその理由はなんだろうか。なにかひどく不便がある、汚れたり壊れたりしている箇所がある、物を減らしてすっきりしたライフスタイルに変革したい、明るく優しいテイストの内装にしたい、そして友達を家に招きたい、など、目の前の理由としてはさまざまなものがあるだろう。しかし本当にその部屋をきれいに、性能よくつくりあげることが自身の人生をよくするために一番いい方策なのだろうか。もしかしたらライフスタイルや仕事を変化させたり、他の場所や空間を活用したりするほうがよいかもしれない。実は部屋の模様替えを考えはじめたときから、あなたの思考は一般的な「インテリア」という概念にとらわれて、多くの可能性を切り捨ててしまってはいなかっただろうか。

本書は建築のインテリアについての本である。もちろん「インテリアのつくりかた」として具体的に役立つような知識や発想もしっかりと盛り込んではいるが、一歩戻った「インテリアをつくる前になにを考えるべきなのか」というところにより重きを置いている。その主旨を一言でいうと、「インテリアを『自身の生の環境そのもの』として考える」ということである。それは大袈裟すぎると思われるかもしれないが、本書はインテリアが、今後そのくらいの影響力をもつ存在となっていくと考える。

現代日本に暮らし、インターネットやスマートフォンといった高度な情報ツールを手にしている私たちにとって、その身を置いている環境とは、「都市」や「建築」といったハードウェア自体によって定義されるものではない。ネットの地図で必要な種類のお店やそこに行く経路がハイライトされた都市、いつでも他の空間とつながってコミュニケーションがとれるプライベートスペース、といったように自身の欲求によって機敏にカスタマイズできる空間イメージこそが、実感としての環境となってきているのではないだろうか。そのようにさまざまなモノと情報を自在に結びつけることによってつくられる、プライベート性をもちつつも特定の空間や場所に制約されない、いわばインテリアを拡張したような環境像を、本書は「超インテリア」と名づける。

この「超インテリア」を思考することは、いま私たちが暮らしている空間を批評し、これからおとずれるであろう近代社会システムの大きな変革期において、生活と社会との関係性を豊かに再構築していくための有効な方法論となると考えている。身の回りにあるさまざまなモノやコトを「超インテリア」をキーワードに考察していくところから、それは始まる。

本書の序章では、これから超インテリアの時代がおとずれると考えられる、その背景について手短に論じる。ここにはあとに続く章で用いる主要な用語が登場するため冒頭においているが、もし理屈っぽくて難しく感じるようなら飛ばしていただき、第一章、第二章を読みながら適宜参照していただいても構わない。

第一章、第二章では超インテリアの思考に関係するモノやコトを次々ととりあげ、考察する。項目の順番には大きな意味はないので、興味のあるところから読んでいただいてもまったく問題ない。

第三章ではここまでの考察をふまえつつ、なぜ超インテリアの思考が必要か、そしてどのようにそこにアプローチするかを論じる。

また本書には「超インテリア」、「普通さ」、「建築の大気圏」、「リノベーショナリズム」など独自の用語がいくつか出てくるが、それぞれ最初に説明される部分を読んでいなくてもなんとなくは意味がわかるような言葉にしたつもりである。文章も各項ごとにそれなりに話はまとまっているので、本書をどこから拾い読みしていただいたとしても、文意はつかめると思う。そのように偶発的な事物や思考との出会いも、超インテリアらしい情報コミュニケーションといえるだろう。

序章

超インテリア時代の到来

建築から超インテリアへ

「建築」、「インテリア」、はどちらも私たちの生活を包む空間を示す語であり、あまり深く意味を考えることなく口にできるくらい一般的な言葉であるといえるだろう。とはいえそれぞれの言葉が想起させる空間イメージはかなり異なっている。まず普通の生活者の視点でみるならば、インテリアはある程度改変可能で、やろうと思えば自分でも手を加えることができる領域、建築はその基盤となる入れ物であり簡単にはいじれない専門的な領域、というぼんやりとした認識上の区分があるように思う。たとえるなら、スマートフォン本体（＝建築）とアプリ（＝インテリア）のような関係性のイメージといえるだろうか。また専門家の視点ではその違いはより大きなものとなり、発注形態や施工プロセスの違いによって、建築業界とインテリア業界が各々独自に発展してきたことによる住み分け意識がある。近年のリノベーション・ブームによってその意識も大分薄れてはきているが、いまでも双方のナワバリ感はぬぐいきれていない。

しかし「建築」の設計を主業とする私も認めざるをえないのだが、日本社会にはこれから明らかに、インテリアの時代がおとずれようとしている。それは、都市や建築が担ってきた、私たちの生活の枠組みを形成し、人や場所に社会的なアイデンティティを与えるという役割を、主にインテリアが担うこととなる時代である。そしてその時代をゆたかなものとするために私たちは、これまでその言葉の意味もぼんやりとしたまま見たりつくったりしてきた「インテリア」を、自身の生活に新しい価値をもたらすための進化したツールとして再構築していかなくてはならないだろう。

そこで本書は、概念を拡張したこれからのインテリアとして「超インテリア」という言葉を提唱する。超インテリアはこれまでの通念におけるインテリアのようにひとつの室内に閉じたものではないし、私たちの生活をとりまくあらゆるモノやコトをその要素としてとりこむことを拒みもしない。それは自身を一番近くで取り囲んでいるインテリアを起点として連続的に広がっていく、プライベート性を帯びた世界像でもある。

この章ではまず、この超インテリアが求められる時代が到来する背景をみていきたい。

超インテリア時代の背景①——ソトとウチの解体

これまでの人生で、こんなにも都市や建築に距離感を覚えたことはなかった。２０２０年に始まった新型コロナウイルス（COVID-19）感染症の世界的大流行によって世の中は一変

◆0-01 焼杉ハウス（設計：藤森照信+川上恵二[かわかみ建築設計室]、2007年、長野県）
焼杉という、触ればススがついてしまうため外装のみにしか使用できない素材を主題としている時点で、ソトとウチを区分する意識ははっきりしている

し、多くの社会活動が制限を受けたため、私も自宅にこもりパソコンに向かって過ごす日々が続いた。人とのコミュニケーションもネット交流アプリ（SNS）やオンライン会議が主となり、毎日のように上半身のみの相手とその背後のプライベートルームの映像を見ながら仕事をしていると、あるときふと自身が所属している社会という環境のイメージのなかで、都市空間や建築の存在感が急速に薄れていっていることに気づいた。思っていたほど、それらは絶対的な存在ではなかったのである。世の中の多くの人々が同じような感覚を抱いているなら、これは、建築設計という私の職能の危機ではないのか。

以前、著名な建築家である藤森照信と住宅建築について対話したとき、藤森は「住宅の内部は個人に属するもので、外観は社会に属する。だから自分は住宅を構想するときに外観にまず注力する」と語っていた（▼0-01 ◈0-01）。住宅にかぎらず、建築とは世界を外部と内部に分ける装置である。そしてそれは人の意識にもソト（パブリック：他者と空間や活動を共有する状態）とウチ（プライベート：個人や同属性の集団のみしかいない状態）を生みだす。ところがネット上の映像コミュニケーションは、この空間と意識の構造的一致をいとも簡単に突き崩してしまった。これまでよそ行きの服を着て、よそ行きの空間でおこなっていた仕事上の会議が、最も深層のプライベート空間と直結しているという状況の日常化によって、外部と内部をつくるという建築の存在意義が失われていくような感覚を、私は覚えたのである。

また行動制限によって社会のストレスが高まるなかで、ミュージシャンやダンサー、映像系アーティストなどが、自宅から世界に向けて積極的にパフォーマンス映像を発信し始めた。私ももちろんその音楽やパフォーマンスを楽しんだが、同時にはじめて目にする海外のセレブたちの自宅のインテリアにも目を奪われた。それらは広く豪華できれい、というよりも、しっかりとした文化を背景とした生活スタイルを感じさせるものであった。ほとんどは直接的な対価なしに配信されたそれらの映像を通じて伝わってきたものは、それまでパブリックの衣に包まれていた彼らの偶像性を超えた人間的な魅力であった。

つまり実は、都市や建築の存在感の低下はひとつの結果にすぎなかったのである。その背景にあるより大きな社会的変化は「ソト（パブリック）――ウチ（プライベート）」という意識の境界の解体であった。これはウイルス禍よりももっと以前、ブログやSNSをはじめとしたインターネット・ツールが一般化したことで、地域や所属組織といった属性とは無関係に個人そのものがダイレクトに社会にアクセスすることができるようになった21世紀初頭から始まっていた現象である。それらによって、何層にも積み重ねられたパブリックとプラ

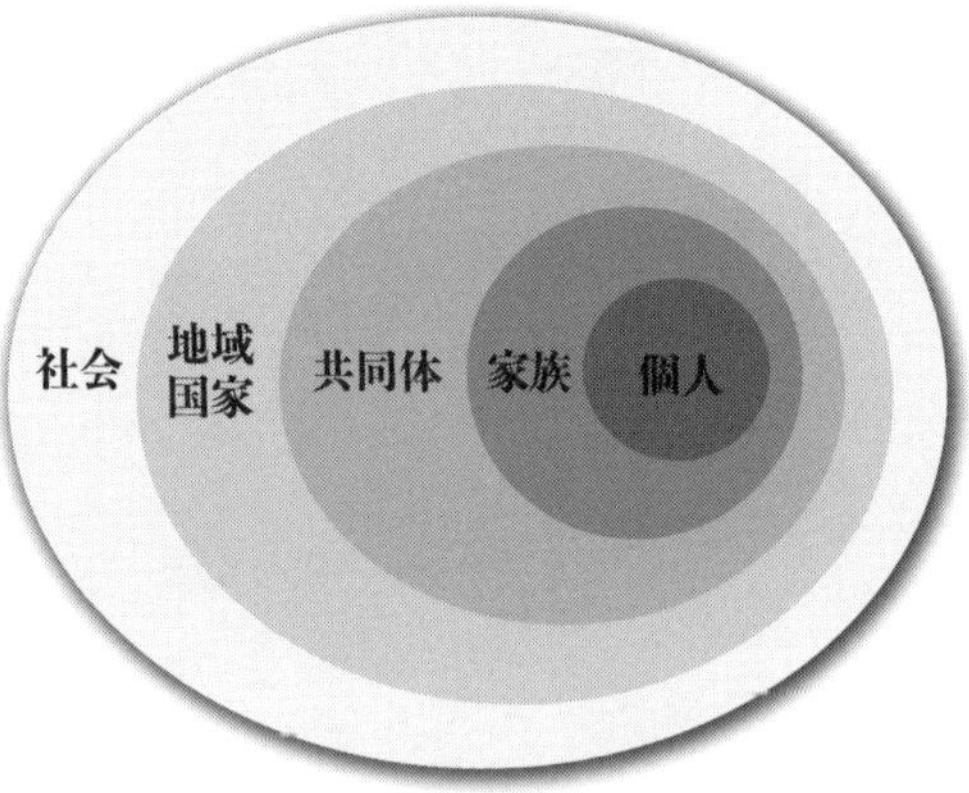

◆0-02　近代社会における典型的なパブリック——プライベートの階層構造モデル
建築は、この階層のどこかの境界にソトとウチの明確な界壁をつくる装置ともいえる

イベートの階層構造という社会モデルのイメージは、よくも悪くも簡略化されつつあるようにみえる（◆0-02）。

藤森の「建築表現とは広い外部世界とつながっているものである」という考えは、私をはじめ多くの建築関係者にも教育段階から植え付けられ続けてきたものであり、それこそが建築業界とインテリア業界がなんとなく相容れなかった要因なのかもしれない。しかし「プライベート」がにわかに社会の表舞台に出てきたとき、建築とインテリア、パブリックとプライベートといった既存の枠組みはおのずと一旦解体されるはずであり、情報技術の進化とも連動してすでにそれは静かに確実に進行している。この認識なくして、これからの住空間がもつべき価値について論じることはできないだろう。

「超インテリア」は、プライベートな空間や状況を起点とするような世界像であり、それは近代社会システムを超えた新しいパブリック（あるいは新しいプライベート）を感覚するためのキーワードとなりうると考えている。

超インテリア時代の背景②

「建てるべきではない」社会への移行

世界的ウイルス禍のさなかの2021年に東京オリンピック／パラリンピックが開催された。このメインスタジアムとなった新しい《国立競技場》の建設プロジェクトが、2013年から数年ものあいだ大きな社会問題となったことを印象深く記憶している人も多いだろう（▼0―02）。建設地である明治神宮外苑に対する環境問題や、施設機能の不適切さの問題など、社会的議論の俎上にのった問題は多岐にわたったが、2015年に当初の設計案が白紙撤回されるにいたった最大の要因は、なんといっても建設工事費が想定を大きく上回ってしまっていたことであった。当初の想定額の1300億円ですらオリンピック・スタジアムとしては史上最高額の工事予算だったのだが、それがその後の詳細設計を経て2520億円にまで膨らんでいたのである。見たこともないほどに巨大な建築と金額であるため、私を含む設計の専門家たちはその数字に驚きつつも、いまひとつその金額オーバーの理由が理解できなかった。その案を選定した設計コンペの審査委員長であった建築家の安藤忠雄ですら、その金額に驚いたと記者会見で述べていたほどである（▼0―03）。

当時は、設計コンペで選定されたイギリス人建築家ザハ・ハディドの先鋭的な形態デザインがその原因のように取り沙汰されていたが、それにしても高すぎる。そしてその後、数年を経てオリンピックも終わる頃、市井の建築家たちにもやっとなにが起こっていたのかわかり始めることとなった。身近な建築の工事費が異常高騰してきたのである。

ウィルス禍と重なる時期に起こったこの建設物価の高騰は、感染対策のための行動規制による景気への影響、ウッド・ショック（世界的な木材不足）をはじめとしたさまざまな材料流通の異常、ロシア・ウクライナ戦争、原油などのエネルギー資源価格の高騰、円安、環境問題対策の影響、施工人材の不足など、諸々の価格高騰要因の複合によるものと言われている。しかし現場で聞こえてくる声を総合するならば、これらの要因はあくまでもきっかけにすぎず、その根底にあるのは、日本社会が薄々はわかっていながら考えようとしてこなかった問題、すなわち、どんどん建築が建て続けられることを前提にした建設経済システムが破綻しつつあることのように思われる。

総務省の発表によると２０１８年時点での日本における住宅の空き家率は13・6％であり、その後も着実に増加し続けている（▼0-04）。東京都心部の新築のオフィス用貸しビルの空室率は27・61％であり、これも明らかに供給過剰状態であることを示している（▼0-05）。このような状況の日本社会において、新しい建築を建てるということの意味は年々確実に減退している。それにもかかわらず大型再開発やタワーマンション建設を続け、あたかも建築を建てることが当然であり、そんなに難しいことではないかのごとく建築界は演じ続けてきたのだが、さまざまな逆風が重なったことによってその虚勢もついに無理が利かなくなってきた。建設という経済圏の先行きが不安ななかで、無理をしてまで建築工事を受注することはリスクのほうが大きい。それが高額の見積書という形であらわれたのではないか。

つまり私たちは当時、多分にザハ・ハディド案の特異なデザインや壮大な建築スケールのインパクトに惑わされて見誤っていたのである。《国立競技場》の金額オーバー問題は、この計画固有の問題ではなく、「建てるべきではない」という社会への時代の移行を予告するサインとして捉えなければならなかったのだ、と今となっては思われる。

そしてまた、2025年の大阪・関西万国博覧会の会場や各国パビリオンのための建設費が折り合わず、予算や計画方針の見直しを余儀なくされるという事態が繰り返されている。そろそろ社会全体が自覚しなければならないのではないか。現代の日本社会において、もはや建築を建てるというのはそんなに安易に考えるべきことではなく、明確な意義や合意、そして覚悟が必要な行為である。これは一般通念としてこれからますます浸透していくだろう。そうなれば、社会のニーズの変化に対応するために、インテリアデザインがはたすべき役割は間違いなく高まっていくはずである。

超インテリア時代の背景③

「普通さ」の反撃

もちろん、「建てるべきではない」時代の到来の予兆は新国立競技場問題よりも以前からあった。今世紀に入ってからの日本では民間、公共を問わず過剰な建築ストック（空き家、空き施設）による社会的負荷が急速に顕在化し、その再生・活用が大きな課題となってきていた。私の設計事務所の仕事においても、10年以上前から明らかに、リノベーションやコンバージョンといった主としてインテリア改修設計の依頼、すなわち「建てない」仕事が増え続けている。それは建築業界全体に起こっており、先述した建築業界とインテリア業界といった区分も、建築計画における新築と既存改修という区分も、かなり薄らいできていることが実感される。そしてこの流れが今後より加速していくことも間違いない。

このリノベーション・ブームともいえる現象は、インテリアや外装だけではなく、建築、都市、さらには建築設計という職能自体の既成概念にも大きな変化をもたらしてきた。新築よりもずっと少ない予算で、より身近で理解しやすい変化を空間にもたらすリノベーションの一般化は、空間デザインにおける「普通さ」の影響力を強くしてきたのである。

いまでは街なかの小洒落たカフェなどでよく見るようになった、天井を撤去して構造軀体

◆0-03　立川まんがぱーく（建築改修企画・設計：清水建設、2013年、東京都）　元々は市庁舎だった建物の、天井を撤去して配管を露出させたインテリア。市庁舎という「仕事着」を脱いで「普段着」となったまんが図書館

や設備配管などを露出させたインテリアも、リノベーション・ブームが生みだしたデザインスタイルのひとつである（◆0-03）。「天井は本当に必要なのか」というある意味あたりまえの疑問を「普通さ」の感性は見逃さなかった。近代建築において天井のもっている役割は、設備配管を隠蔽してシンプルな空間を実現することくらいである。言いかえるならば、空間デザインの物語から不要な雑物を排除し、きれいに完成したような印象を高めるためだけに天井は存在していた。

この天井のように「隠すこと」を目的とした存在は、建築にかぎらずどこにでもある。たとえば家電製品はたいがい不思議な曲面のつるっとした殻に包まれているが、そのパッケージの形質とその機構にほとんど関係がないことも多い。そしてその得体のしれない形状の殻が、内部にある装置という本質を隠蔽している。中になにがあるのか、それがどうして動いているのか、まったくわからないものに自らの生活を完全に預けることができるというのは、実に近代的な感性である。その中身を担っている「専門性」への全面依存、という割り切りこそが、一般人の理解をはるかに超えた高度な近代技術による利便性を享受するための選択であった。

しかしその専門性への丸投げが、地球温暖化や経済格差、環境汚染など、多くの歪みを生みだしてきたこともすでに私たちは認識している。国連が提唱するＳＤＧｓ（人間社会の持続可能性のために解決すべき課題）に列挙されている世界的な社会問題の多くは、近代以降に、他でもない人類自身が生みだしたものである。専門性の論理はそれぞれの分野を非常に高いレベルへと進歩させてきたのだが、無数の専門性が錯綜して相矛盾するような状態を批評し、論理を超えて方針を判断するようなことは専門性にはできない。そこで近代社会では存在感が弱まっていた、専門性をもたない社会の一般的な感性である「普通さ」が発言力を増すことになる。たしかに大井が取り払われて配管の露出したインテリアは未完成な印象を与えるが、その未完成さこそ、「普通さ」による専門性への異議表明に他ならない。

ただし、「普通さ」の危うさもまた認識しておかなければならないだろう。その発言力が強くなりすぎると、それは専門性のもつ「異常さ」によって新たな価値観が社会にもたらされる可能性を減じてしまう恐れもある。《国立競技場》の議論の際、当初のザハ・ハディド案のデザインがどのくらい価値あるもので、それに対して工事費が高いかどうか、という議論をするための言葉を私たちの社会はほとんど共有できておらず、そのこともまた白紙撤回の原因であった。そしてその後計画のやり直しを経て完成した新しい《国立競技場》は、いわば上級の「普通さ」を目指して練り上げられたもののように、私には見える（P64◆1―17）。

「建築」は、その構成も建設プロセスも相当に難しい専門的な存在物のように思われがちであるが、実はその内容を判断しなくてはならないのはそれを使う、専門家ではない人々である。すなわち建築をつくるという計画は本来、近代が分断してきた専門性と（後述する「総合性」を備えた）「普通さ」が真剣に対峙し議論するという、社会における重要なコミュニケーション基盤ともなるはずのものである。ところがそのコミュニケーション基盤が機能不全に陥っていることを、私たちは新国立競技場問題で思い知らされたのである。

いま日本社会ではあらゆる事物や人のふるまいに「普通さ」から逸脱しないことを求める傾向が強まっており、建築・空間デザインにもその「普通さ」の要求に応える大きな潮流が生じている。リノベーション・ブームがもたらしたデザインの感性が、安直な木材の利用や、古民家風インテリアの濫造など、既成の価値観の再生産ループに陥らないために、私たちはどのような「普通さ」を獲得しなければならないのか。それがいま問われている。

超インテリア時代の背景④

コミュニケーションの多様化

2022年8月、フェイスブック（現メタ・プラットフォームズ）の創始者マーク・ザッカーバーグ氏が公開したHorizon Worldsというメタバース・サービスの画像写真は、次世代のコミュニケーション・ツールに期待する多くの人々を失望させるものだった（◈0-04）。「メタバース」はコンピューター・ネットワーク上に三次元の仮想空間をつくって、そこに集う人々がさまざまな活動をおこなうことができるサービスを提供するようなシステムの呼称である。その未来の超現実世界の第一報の画像が、子供の絵のような山、初歩のCGのようなエッフェル塔とサグラダ・ファミリア教会というのは、あまりにもチープで平凡すぎた。いうまでもないことだが、デジタル技術の常として、映像のチープさなどといった技術的な問題は今後急速に改善されていくことだろう。むしろ難題は、この空間デザインの平凡さのほうである。

インターネットが急速に普及し、世界の情報基盤の座を確立した1990年代から、個人ホームページやブログ、スマートフォンの普及とともに広まったツイッター（現X）、フェイスブック、インスタグラムといったSNS（会員制交流システム）、ユーチューブのよう

◆0-04 Horizon Worldsのスクリーンショットとして、マーク・ザッカーバーグ氏のフェイスブックに投稿された画像

な動画配信システム、そしてズームなどのオンライン会議システムなど、新しいヴァーチャル・コミュニケーション空間がインターネット上に生みだされてきた。これらが日常に浸透しながら既存の「パブリック」を解体し、新しい「パブリック」を生みだしつつあることは先述のとおりである。

そしてその最先端としてメタバースをはじめとしたVR（仮想現実）、AR（拡張現実）、MR（複合現実）などの超現実空間技術が加わろうとしている。これらはあくまで仮想（超現実）空間であるため物理的な単一性の縛りがなく、人は多くの「現実」から好きなものを選び、同時にいくつもの空間に属することもできる。一見自由に溢れているように思われるかもしれないが、実は現実と切り離された世界であるがゆえの難しさが存在する。

映画やビデオゲームはメタバースよりもずっと先行して、仮想の異世界を三次元映像で表現してきた。しかしそこに表現される建築や都市の多くは、意外にも私たちの建築概念を大きく超えるものではない。重力にも工事費にも文化にも縛られないはずの世界が、中世ヨーロッパの古城やイスラム建築、あるいは現代の大都市を高層高密化しただけのような都市像のバリエーションで構成されている。これは「ヴァーチャル＋リアリティの枷」ともいえる、表現の制約である。現実には建っていない、触ることができない建築であるからこそ、既存の建築らしさを完全に取り払ってしまうと、体験者はそこにリアリティを感じられなくなってしまうのである。メタバースという新しい概念の世界に、さらに見たこともないような斬新な空間概念を重ねたら、慣れない来訪者がそのシステム内を思うままに移動し、利用することは困難になってしまうだろう。多様な人々を受け容れ、自由さを提供するために、そのインターフェイスとなる空間デザインは誰にでもわかる明確な「普通さ」を備えなければならないのである。

このように一見自由に思える仮想空間も、仮想性と現実性の板挟みという不自由さをのりこえるにはまだいたっておらず、メタバースの普及も現時点では難航しているようである。しかしそのような、論理では整理しきれない状況に形を与えることこそ、空間デザインの世界が培ってきた技芸のはずである。少なくとも娯楽性の分野におけるニーズは日々増加し続けており、あらゆる仮想空間におけるデザインの試行錯誤や発明もまた超インテリア時代の一翼となっていくだろう。そしてそこでも現実と同じく、「普通さ」の壁を超える新しい価値を生み出せるか、が重要な課題となる。

「建築の大気圏」のなかで超インテリアを感覚する

冒頭に述べたように、インテリアの時代とは、都市や建築が担ってきた、人々の活動を社会空間に定位させる枠組みという役割を、主としてインテリアが担うこととなる時代である。それはすなわち、「建てるべきではない」社会への移行とともに、これまで都市や建築に投入されてきた社会資本もインテリアへと移動してくるという変革を意味する。その受け皿とすべく、これまで建築が包括しえなかったモノやコトを自由に取り込んだ新しい環境イメージとして「超インテリア」を本書は提唱している。では、それらのモノやコトとはどこにあるものなのか。その存在する領域、「建築の大気圏」についてここで述べておきたい。

近代都市と建築が私たちに与えてきた枠組みは、私たちの生活を外部から規定する「他者」としての強固さを備えている。しかし実際には私たちにとっての環境が建築の描く境界線のみによって区画されるものではなくなっていることは先述のとおりである。その境界線のゆらぎを観測し、自身の生活の基盤となる空間の姿をイメージするためには、まず「私たちは建築そのものに住んでいるわけではない」という認識をもつ必要があるだろう。

「人類は地球に住んでいる」というとあたりまえのことのように思えるかもしれないが、実際には人は地球という物体のなかに住んでいるわけではなく、その周囲を薄く覆っている大気圏のなかに生息している。建築についても同様で、「建築に住んでいる」というとき、私たちは建築の周囲にまとわりついている空間、モノ、時間、現象のなかに住んでいる。その領域をここでは「建築の大気圏」と呼ぶことにする。

「建築の大気圏」の事物は建築専門家から見れば「建築」の少し外側にあり、建築デザインの対象としてもあまり正面からは取り組まれてはいなかった。そして大気圏にある事物同士も、その多様さゆえに関連づけにくく、結局それぞれの文脈のなかに閉じてしまいがちである。しかし本章でみてきたような近年の日本社会における時代の変化――ソトとウチの概念の解体、建築を建てるべきではない社会への移行、日常と結びついた「普通さ」の趨勢、情報通信技術の高度化を背景としたコミュニケーションの多様化――は、明らかに人々の意識がこの「建築の大気圏」の領域に向かいつつあることを示している。

私たちがいま認識している自身の生活の環境とは、都市や建築そのものではなく、「建築の大気圏」にある一見バラバラで関係のないモノやコトのなかから、偶然と、自身の意志とによって選ばれた事物が集合させられた複合体なのではないだろうか。このイメージにおいて、自身を取り囲んでいるものは完全な「他者」ではなく、自己の内面と結びつき、カスタマイズされた個性のある環境である。そしてこのような環境イメージこそ、本書が命名する

	インテリア	超インテリア
「建築」との関係性	「建築」の内部空間 「建築」という枠組みの中で、イメージや機能性を構築するもの	「建築」および「建築の大気圏」にある事象の複合体 「建築」と批評的に関係し、その枠組みを含めて再構築するもの
構成要素となる事物	内装仕上げ材や家具などの「モノ」	「モノ」だけでなく「コト」を包含する
目的・機能	生活・活動の各シーンのための環境を提供する。ひとつの場が、そこにおける活動に必要な機能を備える	生活・活動の全体（=「人生」）のための環境を構成する。ひとつの場が、必ずしも全機能を備える必要はない
外界とのつながり	プライベート空間 自己（あるいは集団）の内面世界としての完結したイメージを、自分（たち）のために表現する	プライベートであると同時に、外部とつながるための空間 自己（あるいは集団）を対外的に表現するインターフェイスともなる
対語、対概念	建築、外観	建築、社会、パブリック

◆0-05　「インテリア」と「超インテリア」の違い（概要）

「超インテリア」そのものなのである（◆0−05）。

次章からは、「建築の大気圏」にあるさまざまなモノやコトを取り上げながら、「超インテリア」というキーワードによってそれらを自在に生活空間と関係づける思考方法を示していきたい。

第一章

超インテリアとモノ

1 天井はなんの役に立っているのか

普段あまり意識して見ることのない天井を観察してみると、住宅ならばそこにあるものはあまり多くないだろう。照明器具と住宅用火災警報器（煙感知器、熱感知器）、たまに天井換気扇があるくらい。それがオフィスビルや店舗となると、結構いろいろなものが登場する。照明器具、空調機器、煙感知器、スプリンクラー、防犯カメラ、通信用のアンテナ、スピーカー、避難誘導灯、点検口などなど、なんだかよくわからない物体も含めてかなり賑やかなものである。

また天井は通常手で触れることがない部分でもあるため、どのような素材でできているのかも判別しにくい。もちろん昔ながらの竿縁《さおぶち》天井（木の桟の上に板が載っているような天井）のように一見して木（とはいえ多くは合板だが）とわかるものもある。モヤモヤとした独特の模様の穴で音を吸収して室内を静かにする効果がある岩綿吸音板なども、見た目で素材がわかりやすい天井材料といえるだろう。しかし壁紙や塗装が施されている多くの天井では、それ自体の素材が合板なのか、石膏ボードなのか、あるいは金属板なのか、遠目に見てもよくわからない。自分の部屋でさえめったに直接触ることがない近くて遠い存在、それが天井なのである。

「超インテリア」は、従来の「インテリア」に含まれてこなかった空間やモノ、事象を内包する環境概念なのだが、そもそもインテリアに含む、含まないという境界線はどこにあるのだろうか。天井という建築要素も、その境界線のひとつとして認識されているものだろう。もちろんこれまでも天井の形状や仕上げ材はインテリアの重要なデザイン対象であった。しかし天井の上部の空間（「天井裏」、「天井フトコロ」などと呼ばれるスペース）は対象外である。ここにおいて天井面は「インテリア」と「非インテリア」の境界線であったわけだが、これは空間だけでなく思考の境界線でもある。天井の上部スペースを認識しないということは、天井が存在しなければならない理由も考えられないということなのである。

はたして、天井はなんの役に立っているのか。これにはいくつかの一般的な回答がある。まず木造の勾配屋根の下のいわゆる屋根裏空間をその下の生活空間と区切ることによって、屋根からの室内への熱負荷を軽減し、また寒い時期には逆に暖房の熱を外部に逃がしにくくなるという効果がある（◈1－01）。ただこれは建築の最上階における話であり、たとえば2階建ての建物の1階であるならば関係ない。また近代建築の特徴でもあるフラットルーフ（屋上があるような水平の屋根、あるいはきわめて勾配がゆるい屋根）の場合もこの理屈は成立しにくい。

◇1-01　合掌造り民家の屋根裏（富山県五箇山地方相倉合掌集落）
雪対策のため急勾配の屋根をもつ合掌造りの民家では、天井によって区画された屋根裏空間が下部の居住空間を上回る大きな気積をもつ。その空間は主として養蚕場として使われた

天井の存在意義として次に挙げられるのは、設備の隠蔽である。「建築設備」というものの異物的な扱われかたについては次項で論じたいが、建築内に張り巡らされたさまざまな設備の配線・配管をなんとか目に触れないように隠すということは、近代以降の建築デザインのひとつの使命のようになってしまっている。そして天井の上部こそが、その主要な隠蔽場所となっているのである。

さらに専門的な理由としては、不燃材料である天井ボードを張ることによって火災時に炎が上部や隣室に燃え広がりにくくする、また火災の際に煙をスムーズに窓から排出するために部屋の上面を平滑水平な形状にする、といった防災の観点によるものもある。

これらのような天井の存在意義は、よくよく考えてみれば必ずしも絶対的なものではない。設備配線や配管は隠さなくても機能するし、防災上の理由はどちらかといえば天井があるからそうなっているだけで、なければないで技術的に解決可能である。そうなると結局、最後に残る理由は「シンプルできれいに整った内観をつくりたい」という、意匠的な好みくらいに思われる。ところがどうだろう。先述したようにオフィスビルや店舗の天井には設備の末端部分がずらりと並んでいる。これでは、配線や配管だけを隠すという中途半端な「お化粧」にはたしてどれほどの意味があるといえるのか。

現代日本の建築界では、「リノベーション」という言葉の一般化とともに、改修工事ならではの空間デザインがひとつの分野として確立されつつある。超インテリア時代の先触れともいえる、このリノベーション・ブームにおいて、「天井の消去」はその代表的な手法のひとつとなっている。その最もわかりやすいメリットは、頭上空間が大きく広がることによって解放感がもたらされることだろう。また「お化粧」を取り払うことを無作法として嫌悪感を抱くのではなく、その飾り気のなさに親近感を感じるくらいには、私たち都市生活者は人工的な生活環境に順応してきている。空調配管や照明配線、そして梁や床下地といった構造

◆1-02　天井を撤去し、配管をむき出しにしたカフェの内装
一応配管を白く塗装しているが、整った美しさを目指してはいない。この荒っぽさが残るところがかえって「お洒落」と好感できる感性こそ、「リノベーショナリズム」がつくりあげたもの

躯体がむき出しにされた店舗やカフェのインテリアを「カジュアルでお洒落」と感じられるのは、この現代的な感性によるといえるだろう（◆1―02）。「建築」という体裁を整えようとする専門性の枷から外れ、不完全であることを許容し、ごく普通の感覚で状況に寄り添う。昨今のリノベーションに見られるこのようなデザイン潮流は、近年なかなか生まれていなかった新しい「建築様式」ともいえるものである。本書ではそれを「リノベーショナリズム」と名付け、論じていきたい（P126参照）。そしてこの「リノベーショナリズム」は、いまや新築の空間にも浸透してきている。かつてハイテックスタイル建築が設備をスタイリッシュ

にアイコン化したことに比べて、それらはより自然体に、生々しく、建築に隠されていた「中身」をデザインに組み込んでいる（◈1-03 ハイテックスタイルについてはP251 ◈3-12参照）。

建築の内部には、天井の上部、床下、パイプシャフト（縦配管スペース）など、通常は人が立ち入らないブラックボックス空間がたくさん存在する。建築の外部にも、屋根の上や建物裏の隙間など、占有していながら意識の外にある空間は多い。これらのあらゆる場所に、超インテリアの可能性は潜んでいる。

❓2 トイレにはなぜフタがあるのか

現代の日本には、トイレのない住宅はまずないだろう。住宅にかぎらず内部で人が活動するほとんどすべての建築にトイレはあり、私たちは1日に数回はかならずそこに滞在している。トイレのインテリアも結構さまざまな形や素材でつくられているのだが、その空間の主役である便器を見てみると、どれも同じような形質で個性がない。それはなぜだろうか。便器は建築のようにそのたびごとにつくるものではなく既製品を設置していること、便器の主要メーカーが少なく寡占状態であること、そもそもあまりバリエーションが求められていないことなどが、まずは理由として考えられるだろう。

◆1-03　銀座 蔦屋書店（内装設計：トネリコ、2017年、東京都）
リノベーションではなく、商業施設《GINZA SIX》の新築時につくられた店舗でありながら、あえて天井の一部を仕上げず、設備を露出させている

ところで、皆さんのご自宅の便器（洋式大便器）にはフタがついていることと思う。駅やデパートなどのパブリックトイレの便器にはフタがついていないものもあるが、日本の住宅の便器にはほぼすべてフタがある（◆1-04）。さてこのフタ、なんの役に立っているのだろうか。

実は腰掛け便器になぜフタがあるのかということは私にとって長年の謎のひとつであったため、機会があるたびに主要衛生機器メーカーの方々にその意味を質問してきたのだが、「マナーとしてあるもの」、「汲み取り便所のフタの名残では」、「暖房便座が冷えない役には立つ」、「閉じた状態の見た目がよい」、「今あるものをなくしてクレー

◆1－04　洗浄便座一体型トイレ
フタを閉じた姿はたしかに見た目がよい。しかしここに来た人は即座にフタを開ける（自動で開くものまである）ので、結局ほとんどこの状態は見ないともいえる

ムが来ると困るので変更しない」といった、バラバラなうえにあまり説得力のない回答しか返ってこなかった。そのように曖昧な理由で日本人は毎日のべ数億回（推定）もあのフタを開け閉めしていたのである。そしてついに2020年、ウイルス感染症の世界的流行への対策のひとつとして、「トイレを流すときには飛沫の飛散を抑えるためにフタを閉じましょう」という提言が公式なものとしてなされた。その実効性はさておき、ウイルス対策という社会に認められそうな存在理由がついに取り沙汰されたと思ったら、フタを閉じてから流そうとしていたがセンサーで自動的に開いてしまった、という事態が発生した。

ここで追究すべきは、トイレのフタがなんの役に立つのかではない。これほど誰の目にも触れる日常的な存在であるトイレに、なぜ必要かどうかもわからないものが残されてしまっているのか、ということである。その本質的な理由は、便器をはじめとした建築設備が「よそ者」であることではないかと私は思う。

一般に「近代建築」とそれ以前の建築の違いはなにかといえば、

鉄筋コンクリートや鉄骨・ガラスのような新しい建材、あるいは地域性や歴史性を超越した合理的なデザイン、というように説明されることが多い。これらの大転換はたしかに建築の歴史上特筆すべきものであり、前後の建築の姿を比較すれば一目でわかるくらいの違いを生んだ。その一方で見た目にはわかりにくいが、それらよりも大きく生活に影響を与えた変化があった。「建築設備」の大量流入である。

建築設備がいかに劇的に増大したかは、建築コストに占めるその割合を見れば一目瞭然である。近代より前の建築にももちろん暖炉、煙突、かまど、便所などはあったが、それらをつくったり使ったりするための費用は建築にかけられるお金のごく一部にすぎなかった。しかし現代にいたって、建築に設置される空調、給排水、ガス、電気、通信などの機器や配管・配線といった設備工事費、さらに使用時の光熱水費や修繕費までを考えると、一般的な建築の一生に費やされる全費用のうちの半分くらいが建築設備に投入されているのである。

19世紀から20世紀にかけてのいわゆる近代建築の形成期において、科学技術の急激な進歩とともに、照明、空調、防災、電源、通信、給排水といった多種多様な設備の配線、配管が一気に建築内に張り巡らされることとなった。急に建築に入り込んできたその「よそ者」に対して、近代建築を築き上げた建築家たちがとった対応の主流は、それらを「隠す」ことであった。まず建築設備は建築本体と比べて更新周期が短く、技術的な進化も速い。そして進化すればするほど、それぞれの設備ごとに独自の機能やシステム構成が確立されていくため、それほど変化するものを、最初に決めなくてはならない建築全体のデザインに組み込むことが難しかったのである。

ところが隠してもなお問題は残る。設備はただ建築のなかを駆け巡るだけでなく、どこかで人間と関係しなければ意味がない。すなわち最終的な設備サービスの出入口は、見えるところに設置しなければならない。前項で挙げた天井に設置されている設備の端末の数々だけでなく、壁を見ても各種のスイッチやコンセントなどがそこここに配置されている。私たちの生活空間は「設備の端末」に満ちているのである。

これらのどうしても見えてしまう設備機器のデザインの方向性には、二種類の態度があるように思われる。ひとつは「これは設備なので、見て見ぬふりをするかなるべく目立たないところに置いてください」というある意味堂々とした態度である。主に建物の外側にある設備に多く、エアコンの室外機や給湯器、電線、雨どい、アンテナ、メーター類などがそのような態度をとる（◈1―05）。

もうひとつは主としてインテリアに露出してくる機器に多い、異物でありつつも、いくばくか美的な感性に応えようとする態度である。しかし主張が強すぎる照明器具のように、独自のデザイン性を示すことがかえって「よそ者」感を強調してしまうこともままあるのは残念なことである。そしてトイレのフタも、まさにこのインテリアと設備機器のぎくしゃくし

◇ 1–05　元々建っていた建物がなくなり、隠されていた設備が表出。「建築の大気圏」にひしめくエアコン室外機、雨どい、電線。どの建物にもあるこれらの機器が異様なモノであることが顕在化した風景

た共存を象徴している。

このぎくしゃくした関係性は、建築設備と生活者が、見られないように、見ないようにと、よそよそしく距離をとり続けてきた結果であり、いわば近代における専門性と「普通さ」の分離を象徴している。「トイレにはなぜフタがあるのか」、「なぜコンセントやスイッチはあの大きさ（12cm×7cm）の板なのか」、「なぜエアコンは白いのか」など、このような「よそ者」と向かい合うことから超インテリアの思考は始まる。私たちは考えてみればずいぶんと意味不明なものを、考えもせずに受け容れてしまっているのではないか。トイレのフタが不要と思うなら撤去してもいいし、インテリアに加担さ

せたいならば色を塗ってもいいだろう。生活者がそういったことを考え、実践するようになれば、建築設備もやがて「よそ者」であることをやめていくのではないだろうか。

❓3 なぜ畳は絶滅しつつあるのか

建築構法・生産学で多大な功績を残した建築研究者・建築家の内田祥哉は、歴史的に大きな影響のあった建築構法を表彰する「内田賞」の授賞対象のひとつとして「敷き詰め畳システムの成立とその普及」を選定している（▼1－01）。その選評のなかでも特に興味深い見解が、畳の短辺方向の長さである「半間《はんげん》」（約90㎝～1ｍ）という伝統的建築平面の最小単位寸法が、「国際的に見ると、最小単位としてはきわめて大きい。そして、この大きな最小単位が存在したことで、江戸時代に、日本の居住空間を構成する部品、たとえば、柱・梁・屋根・床の下地、建具等の規格化、既製品化、量産化が進み、それらの組み合わせで完成度の高いバラエティーある空間構成が、既製品でも作れる仕組みができた」というものである（▼1－02）。

畳の歴史は古く、文献では古事記（712年）、実物では正倉院の収蔵物から見ることができるが、当初は座布団やラグ・カーペットのように、主に板張りの床の上に部分的に置くように用いられていた。それが鎌倉から室町時代には書院造りの完成とともに部屋全体に敷き詰められる「床材」へと発展し、江戸中期以降には庶民の家にも普及していった。その床材としての一般化とともに日本建築の寸法の基準ともなっていったのだが、実は畳のサイズも京間、中京間、田舎間、団地間など、地方と時代によってさまざまであり、また実際の建物では部屋の大きさや施工の歪みに応じて畳のサイズや形も調整されるため、正式な畳のサイズというものは定めにくい。とはいえ現代でも日本の木造建築の基準寸法は90〜91㎝であり、それをベースにした○○間《けん》、○○畳、○○坪、といった日本人が最も直感しやすい長さ、広さの尺度も敷き詰め畳の普及によって形成されたものといえるだろう。

床の仕上げ材は生活スタイルに大きく影響される。日本におけるその大きな転換点はやはり、「食寝分離」の考えかたの普及であったと思われる。1942年、建築学者の西山夘三は庶民の生活の広範な調査を通して『住居空間の用途構成に於ける食寝分離論』を発表した。そこで提唱された食室と寝室を分ける設えは、第二次世界大戦後の日本の住宅生産における2DK、3DK、などといった間取り概念のベースとなった。食寝分離によってテーブル、椅子、ベッドなどが固定的に配置されはじめると、床座を基本として座卓と布団を入れ替えながら生活するスタイルを支えていた畳敷き仕上げの必然性は次第に薄れていったのである。

そして近年、驚くほど急速に畳の使用が減少している。2000年以降の20年あまりで、畳表の年間販売量は三分の一以下に減少し、畳職人も半減したのである（▼1―03）。たしかに新築の戸建て住宅でも畳部屋がまったくないものを多くみるようになったし、マンションではさらに少なくなっているように思われる。考えられる理由はたくさんあり、机、椅子、ソファー、ベッド、本棚といった家具との相性の悪さ、現代的なインテリアとの見た目の不調和、変則的な形状の部屋への敷き詰めにくさ、掃除やメンテナンスのしにくさ、ダニなどの衛生的な心配、車椅子などのバリアフリー対応問題、普及品フローリングと比較しての初期・維持コストの高さ、などが挙げられる。特に若い世代ほど和室の必要性を感じない傾向が強いようだが、生まれてから和室に住んだことがない人も多くなってきているので、それも当然のことといえるだろう。建築を学び始めた学生に自分の部屋の広さ（単位は自由）を質問すると答えられない人がかなり多いのだが、畳部屋に住んでいる学生は即座に畳数で答えられる。自分の部屋の畳数さえわかれば、6畳＝約10㎡といった変換を使って、設計している空間の広さを容易にイメージできる。ここでも畳のもっていた尺度基準の文化的有効性を痛感させられる。

強固な存在感の外壁をもつ西洋建築と比較して、木の柱と梁でつくられた、開放的かつ内外のデザインの印象が大きくは変わらない建築の伝統をもつ日本では、「インテリア」という概念を最も明示的に担うものは床材であったように思われる。靴を脱ぐことで、床材は建築のなかで常に直接身体に触れる唯一の部分となる。床に座る、寝るとなればそれはさらに濃密になる。特に床に寝ることの安心感はベッドでは得がたいものであるといえよう。

床材はこのように重要な要素でありながら、現代日本の住宅で一般的に床に用いられている素材の種類はきわめて限定される。既製品のフローリング材（木質材料を合成樹脂、塗料で強化したもの）と、主として水回りに用いられる合成樹脂製のシート材、という2種類がそのほとんどを占めているのである。これらは、素足で過ごすには冷たく硬い。靴を脱ぐ習慣をもつ日本の住文化において、結局スリッパをはいて1日を過ごさなければならないというのは残念なことではないか。いまこそ超インテリアの感性で、畳を見直してみてはどうだろうか。

先ほどは畳の欠点とされるところを挙げ連ねたが、その素材としての優秀さもまた列挙することができる。昔ながらの畳は主としてイグサの畳表《たたみおもて》（表面材）、稲わらの畳床《たたみどこ》（芯材）、畳縁《たたみべり》（縁カバーの帯布）で構成されているが、それは多湿な気候であり、屋内では履物を脱ぎ床座で過ごす習慣の日本において、爽やかな触感、程よい柔らかさ、断熱性、といった点で非常に性能の良い床材であった。この程よい柔らかさは室内の騒音を吸収し、階下への音と振動の伝播を大きく緩和してもくれる。現在では畳床はポリスチレンフォームなどの断熱板を用いたものが主流となっており、防虫性、断熱性、防湿性などの点でも性能が向上している。また逆に、床暖房に対応するために熱伝導性を上げた畳床もある。まだ主流とはなりえていないが、畳表にもプラスチック系やパルプ系などの新素材が登場している。そしてなんといっても、今のところ一応まだ日本全国どこにでも存在する畳屋さんが、メンテナンスを支えてくれる。

畳の素材としての繊細な感触は、建築を身体的に知覚する感性を呼び覚まし、リラックスできる「内部」空間を生みだすだろう。また、わかりやすい見た目と共通の寸法をもった建材が、その領域性を明示するとともにその領域の大きさも認識させるという効果も述べてきたとおりである。そしてどこでも座れる、寝転べるという自由さは、既存のルールに縛られず空間を自在に使いこなそうという超インテリアにも相応しい。

現代住空間で畳を使いこなす第一歩として、「敷き詰め畳」の制約にとらわれないことが考えられるだろう。すなわち昔の置き畳のような発想の再現である。私が設計した《国分寺の家》（◈1－06）は主な生活空間が畳敷きの住宅なのだが、収納やテーブルを置くスペースなどを想定し、畳と板敷きを、仕上げ面を揃えて混在させている。これによって変則的な部屋形状にも対応できるし、空間の区分けが緩やかであるため生活空間の自由度もほとんど制約を受けない。建築高さ制限のため低く抑えざるをえなかった天井高さも、床座・床寝生活によって気にならない。また都市住宅における重要テーマである騒音対策としても、畳の優れた吸音能力が静かで落ち着いた環境を生みだすことに貢献している。

◆ 1–06　国分寺の家（設計：山本想太郎、2004 年、東京都）
収納、居住スペースといった空間の区分は、畳と板敷という床仕上げの違いのみ（カーテンで隠すことは可能）。水回り以外は食寝含めひとつの空間となっている

また畳以外の床に座れる仕上げ材として、私はかなり以前から、オフィスなどでよく用いられているタイルカーペットを住宅でも使えないかと考えていたのだが、ついにそのような要望に応える、色調やメンテナンス性、健康性などを住宅向けに調整した製品も登場している（◈1-07）。超インテリアの部品となりうる、こういった製品にも注目していきたい。

4 塀の内側はインテリアか

序章でも書いたように、建築は世界をソト（パブリック）とウチ（プライベート）に分ける装置ともいえる。そしてその意味では、敷地の周囲をぐるりと取り囲む塀はまさに建築の

◈1-07 ファブリックフロア（東リ株式会社）
デザインや触感などを住宅用に特化したタイルカーペット。敷き詰めることもできるし、部分的に置き敷きすることもできる。汚れた部分だけをはずして手洗いすることも可能

一部として機能している第二の外壁ともいえるだろう。ところがこの塀やフェンスといったものも建築の意識から少し外れた「建築の大気圏」に追いやられ、結果としてかなり配慮にかけた扱いを受けがちである。そしてその塀やフェンスの内側には、庭、駐車場、あるいは単に隙間として残されている空間などが存在する。一般的には建築の外部空間として扱われるこの領域も、超インテリアの視点ではもちろん見逃してはならない。

まずは塀について。1mも離れていないような家と家のあいだに塀を立てているせいで、どちらの敷地にも通ることすら困難な隙間しかない状態であったり、道路からいくらも離れていない家が建ち並ぶ街並みで、すべての家の前に律義に塀やフェンスが設けられていたりする風景の不自然さをみると、日本には住宅の敷地境界にはなにかしらを立ち上げないといけないという法律でもあるのか、と勘繰ってしまう。もちろんそのようなルールはなく、土地の所有者が建てたくて建てているものなので、そこにはなにか意図がこめられているはずである。

これら敷地境界の結界には、塀・フェンス・生垣などの種類があり、素材・高さにもいろいろなものがある。そしてそれらはかなり高い純度で、内外をどのように分断したいかという意思表示をしている。結界の高さは人や動物が外部から侵入してくることを防ぎたい度合い、視線の透過率はプライバシーを確保したい度合い、強固さや風の通し具合は自然の負荷の遮蔽意識がそのまま形になっている。またその防犯効果については諸説あり、視線遮断性が高い塀で囲うと内側に入られたときに外部から見えず、犯罪行為がしやすくなってしまうという考えかたもある一方で、防犯意識を明示するという意味でやはり一定の効果があるという見解もある。

いずれにしても、その機能性の純度ゆえに、この結界の外観（外側・内側とも）が典型的な形状や素材から脱することは結構難しい。塀は構造的にも耐久性的にもかなり大きな負荷がかかる部分であり、またあくまでも建築の付属物という扱いで大きな建設費をかけてもらえないことが多いため、どうしても見た目より性能の担保が優先されがちなのである。そのためせっかく凝った意匠の建築でありながら、塀だけがありふれた既製品でつくられてしまっていることもよくある。建築家がデザインした住宅には道路側に塀がつくられていないものが多いのも、この意匠的な不自由さ故なのかもしれない。

それでもなぜ皆、塀を設けたがるのだろうか。後述するが、日本、東洋の建築観においては建築が強固なものであるという意識が西洋に比べて弱く、また立面図よりも平面図的視点で空間を捉える文化的傾向がある（P152参照）。そういったことにも起因して、日本人は場に明確な境界線を引くことを好んでいるのかもしれない。日本の道路に特有のガードレールや、広場内であっても敷地境界には敷設される縁石、そして塀など、都市は境界線に満ちている。そういった境界に対する意識の強さは窮屈なことも多いが、それが都市空間のフレキ

◆1-08　大徳寺瑞峯院　独坐庭（作庭：重森三玲、京都府）
本来は境界線である土塀と生垣が、独特の構成で庭園の造形に組み込まれている

シビリティを減じていると一概には言いきれないだろう。日本庭園の美意識のひとつに「借景」があるが、これもソトとウチの区分けを前提とした発想といえる。ガードレールがあることで歩道上に自然発生的に生みだされるパブリック・スペースもある。幾重にも重ねられたソトとウチの境界線が、プライベート、パブリックそれぞれの空間に独特の質をもたらしてもいるのである。

敷地という領域を境界線で明確にすると、そこに建築とのあいだの空間が生まれる。ある程度の広さとつくり込みがあると、それは「庭」と呼ばれる。古来、日本庭園は内部にも外部にも属

◇1−09　バルセロナ・パヴィリオン（設計：ミース・ファン・デル・ローエ、1929年［1986年復元］、スペイン）
高さを揃えた石張りの内壁と塀、床から天井までのガラス面、という構成によって、内部と外部の空間が一体のものとしてデザインされている

さない完結した異世界を描くものでもあった。そのイメージの完結性、演出性は、室内以上にインテリア的であるともいえる。また日本の古い民家において土間空間が「ニワ」とも呼ばれていたことからも、日本人の意識においては庭がかなりインテリア寄りの存在であることが伺えるだろう。ただし庭は普通の部屋とは異なり、つくり込まれたものほど、人の日常と切り離され特別な雰囲気をまとった領域となる。そこでは塀の内側面も、庭園のインテリアを構成する重要な意匠要素となる（◈1−08）。

一方、近代建築ではあたかも室内から一体的に連続するような外部空間がつくられている事例も多い（◈1−09）。このような構成は内外で床仕上げの高さを揃えるなど、それなりに高度な建築工法によって実現されるものである。ここにおいても塀はもはや境界を定義するだけの背景的な存在ではなく、明確にインテリアの一部となる。もちろんその空間に面

◆1-10 Within Without（ジェームズ・タレル、オーストラリア国立美術館所蔵）
タレルのアート作品は、空に「天井」としての質感を与えている

する建物本体の外壁面も同様である。

そして庭と呼ばれないような敷地の残余空間にこそ、超インテリアの可能性は潜んでいる。隣地とのわずかな隙間であっても、きちんと設えさえすれば庭にもテラスにも、部屋から連続したプライベートスペースにもできる。もちろん構造や法基準が許す範囲で、出窓や張り出し収納などを設けることもできるが、せっかく外にあるプライベート空間なので、外部であることを活かした使いかたをまず考えてみてはどうだろうか。たとえ上階であっても、建物から持ち出す形で「空中の塀」をつくり、視線や音を制御することは可能である。加えて庭やこれらの外部インテリア空間の大きな魅力は、空という天井の存在である。空を上手く切り取れば、それはこの上なく美しく刻々と変化する天井となる（◆1-10）。

このように建築やインテリアの計画に際して、塀を単なる境界線に、外部空間をただの残余にしてしまわず、しっかりとした検討とそれなりのコストを投入することを怠らなければ、そこに豊かで広がりのあるさまざまなプライベート空間を得ることができるだろう。

❓5 後付けバルコニーは建築か

前項で超インテリアが外に飛び出したところで、続けて住宅の外側に注目してみたい。

東京など日本で積雪の少ない地域の住宅地を歩いていると、ほとんどの家がバルコニーを備えていることに気づかされる。比較的新しい家では、手すり壁に囲まれて建築外壁と一体となったような形状のバルコニーが多いのだが、古めの家での主流は鉄やアルミ製のフレームでできた後付けバルコニーである。とりわけ東京の下町のような古い木造住宅の密集地では、そのような後付けバルコニーが、一番周囲が開けている道路側、つまり建築のファサード（正面の立面）に並んで、街の風景のかなりの部分を占めていたりもする（◈1–11、◈1–12）。

これらの後付けバルコニーは厳密には建築の一部と考えるべきものであり、構造や使用上の安全基準に適合するものでなければならない。しかし構造的な負荷もかなり小さく、床面積や建築面積が発生しない場合も多いこの構造体の、あたかも外壁にたまたま取りついた吊りかごのように軽やかに自由に空中を浮遊している姿を目の当たりにして、そこに建築の枠を超えるような自由さを感じることもしばしばある。この建築とも建築でないともいえないような存在感は、まさに典型的な「建築の大気圏」のキャストというに相応しい。皆さんも見かけたことがあるであろう、その自由さを観察してみよう。

①構造の自由　後付けバルコニーは鉄（製作品）やアルミ（既製品）でできており、ともすれば古い木造の住宅本体よりよほどしっかりした構造体であることも多い。それが険しい地形に建つ懸造《かけづく》りのお堂（参照：三佛寺 投入堂）のごとく勇敢に設置されている。下屋の屋根葺き材の上に脚をのせて設置されたものなどはよくあるが、それどころかブロック塀と一体になっていたり、敷地越境どころか隣家に寄りかかっていたり、まさに自由自在。もしこれらを構造計算しようとなったらなかなか大変なことだろう。逆にいえば、一般的に「建築」と呼ばれるものが実に構造計算に都合よくつくられているということに気づかされる。

②位置の自由　これらのバルコニーの上に出てみると、風景の印象が家の中からとは結構違うことがある。バルコニーの床面が、そこに出るための窓の高さに合わせられているため、家の中とは視点の高さが違っているのである。また平面的にも、下部の駐車ス

ペースを覆うように建物から大きく張り出していることなどもある。敷地のどこにもバルコニーをつける余地がないような場合には、最上階である2階の屋根の上に据えられていることもあり、その場合は隣家との隙間にある階段でそこに上ることになる（◆1−13）。建築工事の際に空中に架けられる足場のように、後付けバルコニーは都市空間を三次元的に使いこなしている。

③時間の自由　幾年月もの風雪に耐えてきた痕跡も色濃い木造建築と、ピカピカのブロンズ色アルミのバルコニーの取り合わせには、世代を超えたコラボレーションの頼もしささえ感じてしまう。もちろん新築時に取り付けられた後付けバルコニーもあるだろうが、多くは外壁や屋根の修繕のタイミングで更新されたり、増設されたりしたと思われる。そしてそれは今後も繰り返されていくのだろう。その場にあるさまざまな事物や人が、それぞれ独自の時を刻み変化するというあたりまえのことさえも、「建築」だけを見る視界では失念されがちなのである。

近代建築の巨匠ル・コルビュジエが『新しい建築の5つの要点』（１９２７年初出）として、建築の「自由」を高らかに主張してから約１００年。現代日本の住宅地を見渡しても、自由に溢れているとは残念ながら思えない。そのような風景のなかで後付けバルコニーを見

◇1-11　南面に並ぶ後付けバルコニー。明らかに建物とは違う周期で更新されている

◇1-12　東京の木造住宅密集地では、しばしば後付けバルコニーが風景の主役となる

◇1-13　屋根の上に軽やかに置かれたバルコニー

ると、それを建築のルールから外れた「よそ者」とみなそうとする自らの専門性に対して疑念を覚えてしまうのである。観察してきたような、住まい手の日常感覚を柔軟に反映する自由度こそ、ル・コルビュジエが主張した「機能」だったのではないか（P237参照）。建築のつくり手が「建築の大気圏」に目を向けてこなかったことによって、そこに表出している批評や可能性も放置されてしまってきたのではないか。

そのようなよそよそしい関係性の結果として、一見自由奔放にみえる後付けバルコニーも、形や配置において本当に柔軟に生活の可能性を表現できているとはいえないまま、半製品として熟成してしまっている。たとえばバルコニー形状にもう少し、不整形や段差といった変化があるだけでもさまざまな動作を誘発するだろう。あるいは上下や水平の移動機能を積極的に備えれば、生活動線に多様性を与えうるだろう。「時間の自由」を活かすため、いつでも足し引きができるシステム・バルコニーのような製品があってもいいだろう。さらには、敷地境界線の制約を越えることで、空中に新しい専有スペースや共有スペースをつくることもできるかもしれない（◆1−14）。

もちろん法基準を含めさまざまなハードルがあるので、これらは必ずしも現時点ですぐに一般化できるアイデアではない。また法基準の整備などによって、それらを明確に「建築」のルールに取り込んだり、排除したりすることも、本書の本意ではない。そのような専門性の枠組みの境界を曖昧にする「建築の大気圏」があってこそ、超インテリアの感覚は触発されるのだから。

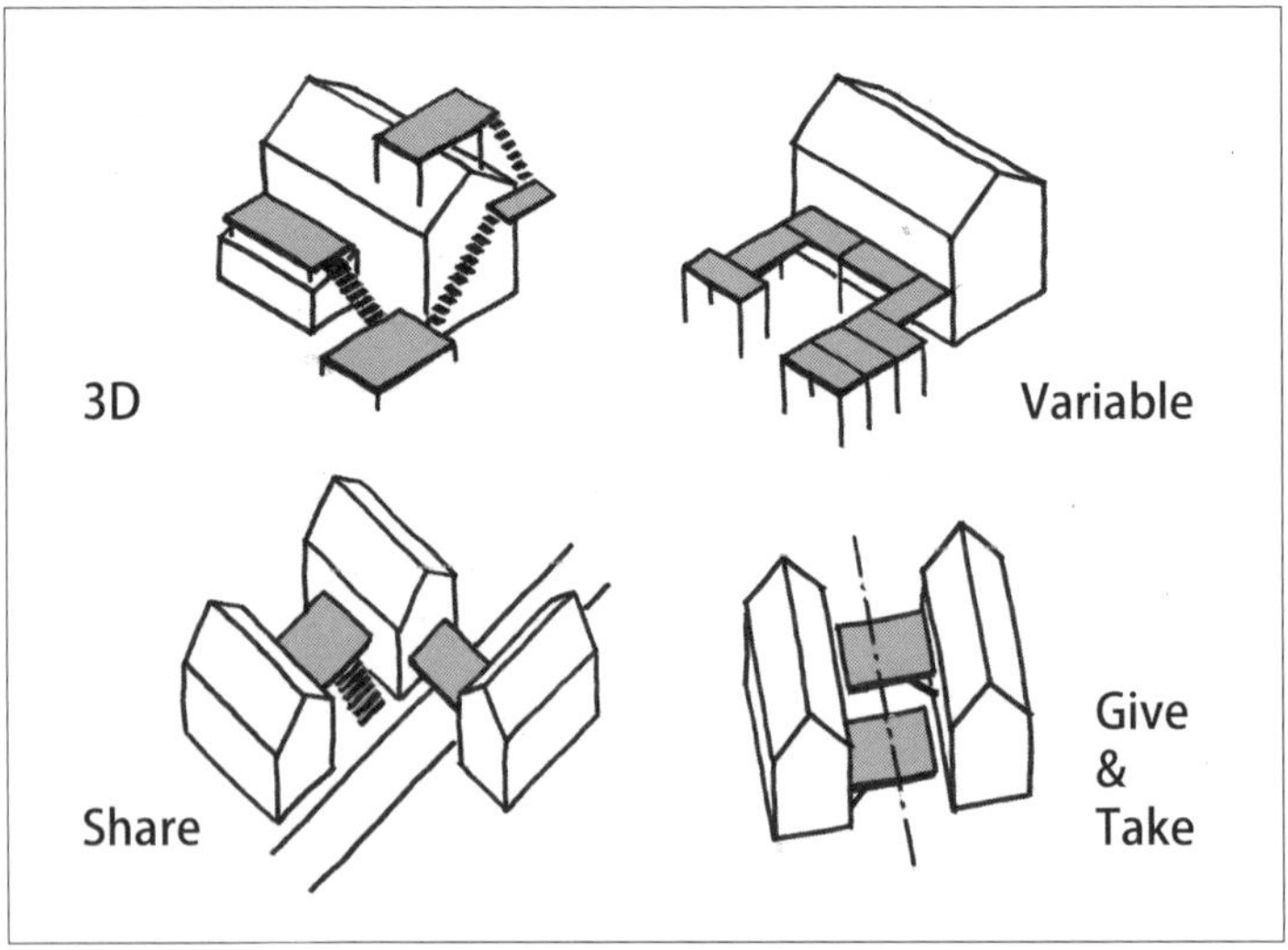

◆1-14　後付けバルコニーの可能性。これらも制度上絶対に不可能というわけではない

6 木材は自然物といえるのか

ここから、建築やインテリアに用いられるいくつかの素材について考察してみたい。これら自体は「建築の大気圏」どころか建築そのものを構築する主要素なのだが、あまりにも日常的に用いられすぎているため、私たちもその物質としての意味をあまり考えず、きわめて表面的な仕上げ材のように捉えてしまいがちなものである。そのように大気圏へと幽体離脱した木やコンクリートの扱いはかならずしも非難すべきものではなく、建築の少し外側からそれらの素材の意味を再

検証する視点を提供してくれるモノと考えてもよいのではないだろうか。

諸説あるとは思うが、人類が最初に建築をつくるために用いた素材のひとつが木であることは間違いないだろう。気候や野獣といった自然の脅威から身を守るために、人はその自然の一部である木を加工し、組み合わせて防壁を築いた（◆1―15）。その起源から現代にいたるまで、建築における木は、自然と人間の関係性に不思議な距離感をもたらす特別な存在であり続けてきた。

自然界にある石や土などの他の素材と比べても、木は、加工しやすさ、軽さ、強度、耐水性、耐久性、といったさまざまな点で、盤石とまではいえないがバランスよく適度なレベルで建築の要求に応える材料である。ところが近代の都市や建築に求められるようになった高

◆1―15　マルク・アントワーヌ・ロージエ『建築試論』（1753年）の第二版の口絵。この「原始の小屋」は木材を組んでつくられた建築の原型を示すものとして描かれた

度な性能要求には、「適度なレベル」の木材では応えきれなくなってしまった。現代日本においても、木造建築として建てることが普通に認められているのは住宅や小規模な建築のみであり、防火規制のかかるような都市部においては構造や仕上げ材料として木を使うのが難しいことがほとんどである。そのわりには街でよく木を使った建築や空間を見かける、と思う人もいるだろう。実はそれらの多くは「木」ではなく、「木質材料」、あるいは木を模した他の材料なのである。

「木質材料」とは、木を加工、接着して、木そのままでは得られない形状や性能を実現した素材である。木を切断しただけでは得られないような大きな平面の板を得るために発明された、いわゆる「ベニヤ板」、「合板」といったものがその代表例である。大きな梁や柱をつくるために小口径の木材をたくさん接着して成型した「集成材」も、建材として一般化している。さらにはプラスチックや特殊な薬剤を注入することによって、高度な耐久性や不燃性をもたせることもできる。最近では公園のベンチやウッドデッキなどでよく見かける、ほとんどプラスチックのように見える「人工木材」も、木の粉末を合成樹脂で固めたものであるため一応ギリギリ木質材料と呼べるだろうか。

近年最も話題となった木を用いた建築は、東京オリンピックのメインスタジアムともなった《国立競技場》だろう。スタジアムの庇の各部に日本の47都道府県すべての木材が用いら

◆1-16　国立競技場（設計：大成建設・梓設計・隈研吾建築都市設計事務所共同企業体、２０１９年、東京都）の大庇
スタジアムの大庇（上写真）には日本の各地の木材が用いられた。遠目に一見するとこの梁は普通の木材でつくられているように見えるが、実際には鉄骨梁であり、そこに薬剤処理、着色を施した集成材がボルト固定されている（下写真）

れたことでも話題となった。特にスタンド上部の大梁は印象的だが、この木はどのようなものかといえば、スギなどの小さい木材を接着して集成し、防腐剤、防蟻剤を含浸させ、さらに表面をクリーム色に塗装して色調を整えた木質材料を、鉄骨にボルトで固定したものなのである（◆1-16）。性質的にも構造的にもあらゆる点で、木そのものは建材としては不十分であるということをここまではっきりと自覚しながら、私たちはなぜこんなにも努力して木を用いるのだろうか。

　この《国立競技場》は外部から見ても「木」の印象が強い。特に「風の大庇」と呼ばれる頂部の庇を覆う

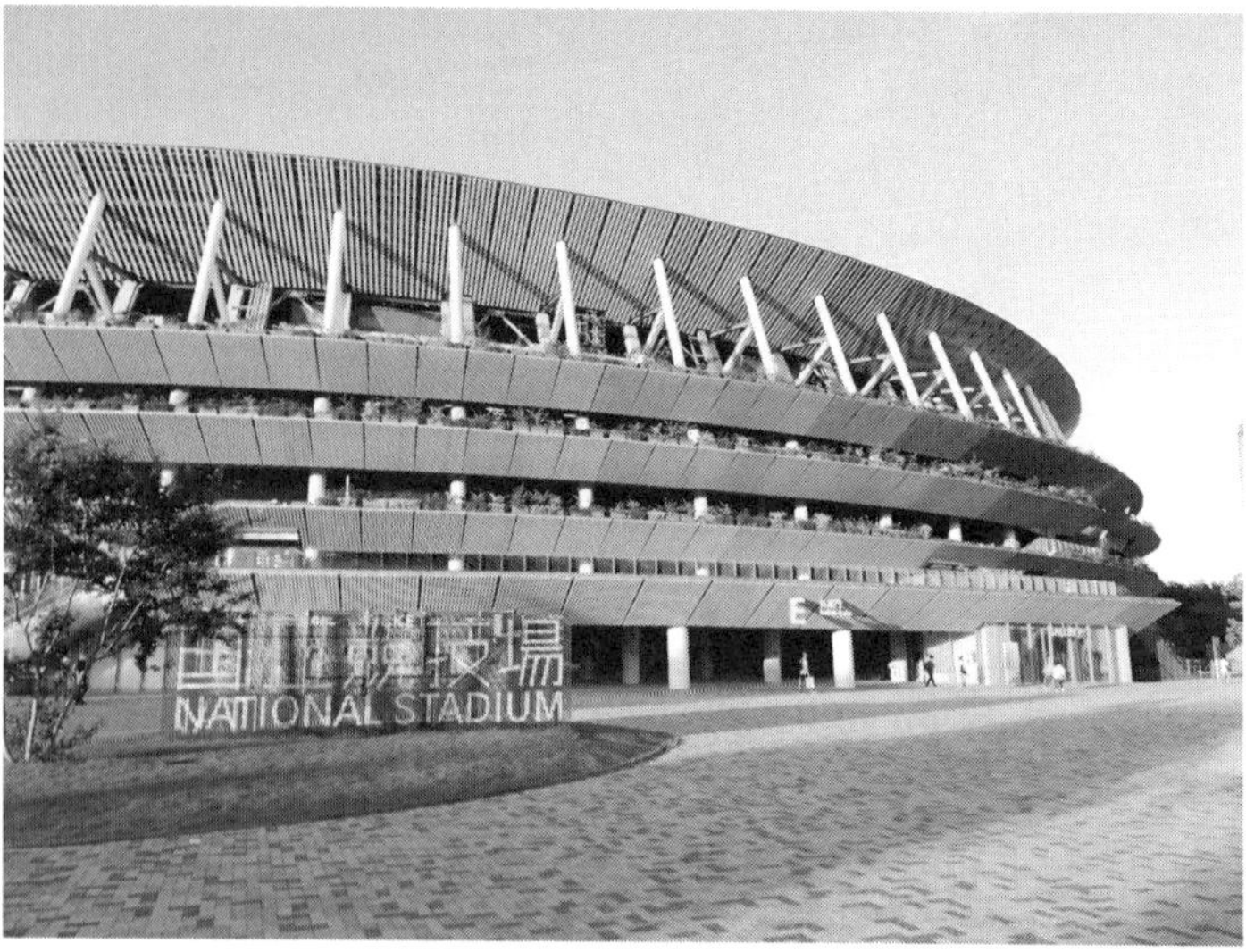

◆1-17 《国立競技場》外観
木でできたスタジアムと印象づける「風の大庇」の外装材は実はアルミ製。それが細いルーバー形状であることも、それを「木」と認識させるための巧みなデザイン

ルーバー材は象徴的である（◆1-17）。しかしこのルーバーは実際はアルミ材の表面に木目をプリントしたものであり、材料に木の成分は含まれていない。しかしこのフェイクを知っている私であっても、この色調にある種の和み、癒し、さらには和の伝統性までも感じてしまう。その心情の分析は、なぜ木を用いるのかという問いを超え、建築における木とはなにかという本質的な問いにまで遡及する。

自然から身を守るために、自然の一部である木で建築をつくる。建材としての木の魅力は、その、自然の側にも人間の側にも属するような玄妙なバランスで成立している。そもそも木を切断して四角柱に加工した時点で、自然界に生えている樹木とは形も色も似ても似つかない物体であるにもかかわらず、それを自然物として感じるというのは非常に文化的な認識システムといえるのではないか。この認識システムにおいて、自然物としての木と、人工物としての木の境界はきわめて曖昧である。おそらく現代の日本人が最も日常的に接している建築の「木」は床材のフローリングではないかと思うが、その表面にある木目の多くは印刷された模様である。しかしそれは普通の人には判別できないし、ほとんどの人にとってはそれを判別する必要もないのだろう。ならばアルミに木目をプリントした材料を、木ではないと峻別する必然性はあるのだろうか。

そして私たちは、ほぼ抵抗できない本能的な反応として、自然物と認識するものに癒しを感じてしまう。殺風景なインテリアも、わずかな鑑賞用植物（これも最近はフェイクが増えている）や、木製の造作が加わるだけで印象が和らぐ。安易なまやかしのようにも思われるが、合理を追求した近代建築においても、このシンプルな「普通さ」の感覚はなかなか消去しきれなかった。むしろその合理の追求を補完するように、木や石といった自然物は、近代以降の鉄骨やコンクリート造建築においても重用されてきたのである。

実は《国立競技場》がここまで積極的に木を用いているのは、設計条件に「木材を可能な限り利用する」ことが明記されていたためでもある。近年、日本では政策的に中大規模建築における木の活用を推進しており、２０２１年10月には公共建築物等木材利用促進法が改正されて「脱炭素社会の実現に資する等のための建築物等における木材の利用の促進に関する法律（通称：都市《まち》の木造化推進法）」が施行された。この法律名のように、地球環境問題への対応として、生育の過程で二酸化炭素を吸収するため環境負荷が低い材料とされる木材の利用を推進するという理念もあることはあるが、国土面積の3分の2が森林であり、その森林資源の約6割が人工林である日本においては、国土保全の観点からも国産材の活用が重要な課題となっているのである。

この国家的な木材利用の推進のためには木質材料の高性能化、一般化が必要であるため、特に耐久性や耐火性に関する近年の技術進化は著しい。腐らない木、燃えない木、傷つかない木など、本来の樹木からかけ離れた超越的な存在となっていく木質材料をどこまで「木」とみなすか。建築・インテリアデザインは、これからも変化し続けていくであろうこの感性の境界線に常に敏感でなくてはならない。

7 なぜガラス空間はモダンなのか

建築に求められる基本性能は外部環境の遮断なのだが、あらゆるものを完全に遮断してしまうと、その内部で人は生存できない。そこで次に求められるのは、光や空気など有用なもののみを適度に取り込める「選択透過」である。ガラスは、この選択透過を実現するために非常に有用な素材のひとつである。

　ガラス自体は古代からあった材料なのだが、大判の板ガラスは近代に確立された自動製造技術によって大量に生産できるようになったものである。また鉄筋コンクリートや鉄骨という新たな構造材の登場によって、木造やレンガ造ではつくれなかった大きな窓をつくることも可能になった。これらの技術革新が積み重ねられて、建築は大きなガラス面という構成要素を獲得したのである。

　そして大きなガラス面をつくることが技術的に可能になるとすぐに、その素材の透明性は近代的なロマンチシズムを喚起することとなった。ジョゼフ・パクストン設計の《水晶宮（クリスタルパレス）》（◆1-18）をはじめとする、ガラス建築の初期を彩った温室、駅舎、ガレリアなどの構築物は「まるで外部のように光に満ちた環境と風雨からの完全な保護の

◆1-18　水晶宮（クリスタルパレス）（設計：ジョセフ・パクストン、1851年、イギリス）
ロンドン万博の会場としてわずか9か月でつくられた巨大な総ガラス張り建築。細い鉄骨の構造体も透明性を強調している

◇1-19 ナイトホークス（エドワード・ホッパー、1942年）アメリカの画家が描いた、深夜の都市から切り離されたような簡易食堂。近代都市生活のユートピア性と、その孤独感の両方を象徴する風景。ガラスがつくるパブリックとプライベートの不確定性が見事に表現されている

共存」という自然界には存在しない鮮烈な空間体験を人々にもたらし、近代社会が標榜した価値観そのものともいえる「技術が生みだすユートピア」を明示的に体現した。そしてそれ以降現代にいたるまで、このユートピア幻想は建築とガラスとの関係を決定づけている。つまりガラス建築の表現においては、「透明であること」と「実体であること」のどちらかというよりも、多くの場合にはその両方の性質を併せ示すことが求められ、その透過と遮断という相反する二面性が際どいバランスでゆらいでいるのである（◈1-19）。

1959年にイギリスのピルキントン社で開発されたフロート製法は、まったく歪みのない大判ガラスの製造を可能とした。現代流通している板ガラスの大半はこの製法による。また組成の純度を上げる技術も進歩してきた結果、建築の表面を可能なかぎり透明にしたいという要求に対してならば、現代のガラスはほとんど十分な性能に到達しているといえるのではないだろうか。むしろそのままではいろいろ透過しすぎるため、視線を制御する「フロストガラス（くもりガラス）」、有害光線や熱を遮断する「熱線反射ガラス」や「断

◆1-20　ガラスの家（設計：フィリップ・ジョンソン、1949年、アメリカ）ニューヨーク郊外の豊かな自然環境のなかに建つ建築家の自邸。ガラスの存在を感じさせないことによる開放感が表現された代表例

熱ガラス（Low-Eガラス）」などの高機能ガラスを用いることも多い。また空間デザインとしても、存在感をかぎりなく消去するような用いかたは、ガラスという素材の活かしかたとしては一面的であるといえるだろう。ガラスを用いたデザインの極意はやはり、「透明であること」と「実体であること」の両方を同時に表現することではないかと思う。

ガラスの存在感の調整においてまず考えなくてはいけないのは、ガラスを支えるフレームの見せかたである。いわゆるサッシ（窓枠）は、そこにガラスがあることを生々しく示す記号でもあるため、それが強調されれば、そのままガラスの存在も意識されることになる。《ガラスの家》と呼ばれる建築家フィリップ・ジョンソンの自邸は、柱梁の鉄骨とガラス枠を一体化したディテールによって、あたかも構造体のみが建っているように見せ、ガラスの存在感を消去している（◆1-20）。しかしこのように徹底した「不可視」はガラスの透明性すら意識から消してしまう。ガラスという素材そのものを空間表現に組み込みたいならば、「ガラスがそこにあること」を計算されたバランスで意識させるような巧みなサッシのディテールが必要とな

◆1-21　葛西臨海公園　クリスタルビュー（設計：谷口吉生、1995年、東京都）ジョンソン自邸とは反対に、ここではサッシに構造体としての強度を持たせるという技法によって柱のないガラス建築をつくりだした。サッシの存在は明確に意識されるが、そのことがかえって圧倒的な透明感を生んでいる

るだろう（◆1－21）。

光と風景の反射もガラスの存在感に変化をもたらす。近代の巨匠ミース・ファン・デル・ローエはしばしば大きなガラス面と強い模様の石張り壁を併用しているが、そこでは石模様の映り込みがガラスに透明な石のごとき存在感を与える効果が生まれている（◆1－09参照）。また湾曲したガラスも強い視覚効果をもたらす。そこに映る映像が大きく歪んだり、ハイライトをつくったりすることによる違和感が、ガラスの存在を否応なしに意識させるのである（◆1－22）。

ガラス自体を建築の主構造体として、柱や梁のない透明空間をつくるという試みも近代ガラスの歴史では結構昔からなされているのだが、実はガラスのみの構築物では素材を分厚くせざるをえず、ガラスの存在感がかえって強くなりすぎてしまうという難しさもあって、あま

◆1-22　鬼石多目的ホール（設計：妹島和世、2005年、群馬県）　曲面ガラスで覆われた空間。曲面ガラスに映りこむ映像の歪みによって、ガラスの存在が意識される

り深くは追求されてこなかった。そのなかで近年、米アップル社が世界に展開している《アップル・ストア》ではガラスによる建築構造が積極的に試みられている。それら一連のストアには、曲面ガラスや多層のガラスの重なりなど、透明ガラスに構造強度と絶妙な存在感を発揮させるようなさまざまなアイデアが用いられている（◆1―23）。

そして、ガラスの存在感をかなり強調するような表現ももちろんある。誰でも見かけたことがあると思われるガラスブロックもかなり印象の強い、独自の透過面をつくるガラス建材といえるだろう（◆1―24）。さらに現代の高度な技術は、より複雑でアーティスティックな形状のガラス建材を生み出しているが、そのようなものを用いた空間表現は必然的にガラスを強く意識させることによって成立している（◆1―25）。

◆ 1-23　アップル・ストア・フィフス・アヴェニュー（設計：BCJ、2011年、アメリカ）
多層に重なって見えるガラスに、ニューヨーク五番街の都市的な風景が複雑に映る

◆ 1-24　銀座メゾンエルメス（設計：レンゾ・ピアノ、2001年、東京都）
ガラスブロックによる外壁が銀座のきらびやかな風景を柔らかく抽象化し、都市の祝祭性を感じさせつつも静謐な印象の空間を生みだしている

◆1-25　プラダ青山（設計：ヘルツォーク&ド・ムーロン、2003年、東京都）
膨らんだような特殊形状の複層ガラス、斜め格子状の構造体と一体となった隠しサッシなど、先進的な建材技術の粋を集めて、きわめて印象的なガラスの結晶体をつくりだしている

またガラスの高機能化ももちろん進んでおり、防火（耐熱）性能や強度の面で優れた製品もある。特にガラスの大きな弱点であった断熱性を向上させた「複層ガラス」、「断熱ガラス」などは近年急激に普及した製品だが、おそらくガラスという素材自体に性能的な伸びしろはもうあまり望めず、今後のより高度な性能向上は、金属膜コーティングや合成樹脂製のフィルムなど、異素材との組み合わせによってなされていくことになるだろう。

❓8 プラスチックは人類を滅ぼすのか

人類がプラスチック（合成樹脂）素材を手にしてからまだ200年たらず。一般に用いられるようになったのは第二次世界大戦中の時期なので、日常的にプラスチックがある生活ともなればまだ80年も経っていないのだが、その普及速度はまさに爆発的なものであった。いまや都市や建築の中にいるかぎり、朝目を覚ました瞬間から夜眠りにつくまで、プラスチックが視界に入らない瞬間はないといっても過言ではない。成型された部品や製品はもちろんのこと、色が塗られているならばその塗料、衣服や家具などの化学繊維、床に張られたシート、ガラスに張られたフィルムなどはすべてプラスチックであり、およそ生活のありとあらゆるところにそれは浸透している。もし視界からプラスチックを消したければ、森の中にでも行くしかないだろう。それほど汎用性の高い素材なのである。

では私たちはどのようにしてこの変幻自在な素材を「プラスチックである」と見分けているのだろうか。それを上手く説明することはなかなか難しいのだが、あえて言うならば、「金属でも、石でも、陶磁器（土）でも、ガラスでも、木でも、紙でもない、そういった自然物でないすべてのものがプラスチックである」と認識しているのかもしれない。

さらに、それだけ人工的な素材でありながら、他のあらゆる素材と親和し、高性能化するという能力がきわめて高い。このことはプラスチックが、近代における世界の「非物質化」にとってなくてはならない重要素材であることにつながっている。「非物質化」とは、ドイツ人建築史家のユリウス・ポーゼナーが近代の鉄骨造、鉄筋コンクリート造建築の発展を論ずる中で用いた言葉である（▼1―04）。あるモノがその物質としての特性を感じさせない表現になっていくことを示す「非物質化」は、新しい素材や技術が次々と登場し、慣れる間もないほど急速に普及してきた近代における人とモノとの関係性の特質をよく示している。そしてプラスチックこそ、最もその特質に寄与する素材であるといえるだろう。プラスチックはそれ自体が「なんだかよくわからないモノ」であるだけでなく、他の物質と融合することによって、「なんだかよくわからない」状態にモノを変化させてしまうという特性をもつのである。

すでに論じた木やガラスも、その建材としての性能は当然、本来の物質としての特徴の制約を受ける。しかしそれらにプラスチックが融合すると、表面が固く耐水性・耐火性のある木や、衝撃を受けても砕けない板ガラスといった、その物質の本来の性質を超越した「なんだかよくわからないモノ」へと変化するのである。鉄の骨組みや部品も、プラスチックで塗装されることによって、本来の色やテクスチャーを失うだけでなく、錆びることもなくなる。塗装された鉄、塗装された木、そしてプラスチックそのものを、遠目で見分けることなどはできないだろう。私たちはすでにこの「非物質化」した世界に慣れ、ついにはそれぞれのモノが本当はなんであるかを気にもかけずに都市空間を受け容れている。

このような特徴から優れた脇役建材のように思われがちなプラスチックだが、ときには主役級の目立ちかたをすることもある。その例が膜材である。近年ではETFE（熱可塑性フッ素樹脂）によるフィルム材の登場が膜構造の空間の可能性を大きく拡張した。ガラスではできなかった大きく軽量な透光面は、《エデン・プロジェクト》のような驚くべき空間も生み出している（◈1―26）。またお風呂の浴槽でおなじみのFRP（繊維強化プラスチック）も、工場だけでなく現場でも成形可能という特徴を活かして、大きく自由な形状の物体を空間に出現させる（◈1―27）。

このように積極的に個件をアピールしているような場合を別として、その高い脇役特性と、あまりにも日常に浸透しすぎていることによって、私たちはプラスチックという素材自体にあまり魅力を感じなくなってしまってもいる。むしろ安易でチープな素材というネガティブなイメージすら抱いている。そして自然の風景の中にプラスチックの容器が捨ててあるのを見かけたとき、それを外したアングルで写真を撮ってしまうように、私たちはこの素材をなるべく意識しないようにふるまってしまっているのではないか。しかしこのまだ歴史が浅い「なんだかよくわからないモノ」は、良い方向にも悪い方向にも可能性の振れ幅が大きいた

◆1-26　エデン・プロジェクト（設計：ニコラス・グリムショウ、2000年〜、イギリス）
巨大スケールのドーム建築の内部が人工環境の植物園のようになっている環境実験・観光施設。最大直径9mの透明ETFEパネルで屋根がつくられている

◆1-27　ニール・バレット青山フラッグシップストア（内装設計：ザハ・ハディド、2008年、東京都）
FRPによる大きく自由な一体造形が空間を満たしている（※現存せず）

め、いまきちんと向き合わないことは危ういだろう。

良い方向の可能性への期待はもちろん大きい。現在でも新しい性能をもった新素材プラスチックは次々と生み出されており、世界のプラスチック化はさらに進行している。強度、耐久性、耐火性など、建築素材に要求される性能条件をクリアすることも技術的にはかなりできてきており、近い将来、もし単一の材料だけで建築をつくるようなことがあるとするならば、性能的にその可能性がある素材はプラスチックくらいしかないだろう。さらにすでに試作レベルでは実現しているものだが、プラスチック建築を3Dプリンターで一気に出力するという技術が一般化し、コストや工期などいろいろな面で建築の概念を覆すことも十分に想定しうる未来である。特に強度や耐久性の要求が建築構造ほど厳しくないインテリアや家具では、そのハードルも相応に低いだろう。

そのような明るい可能性に対して、悪い方向の可能性、すなわちプラスチックの有害性からも目を逸らしてはならない。ごみとなったプラスチックが砕けて微細な粒子となり、生物や水、空気を介して人体にとりこまれてしまうという「マイクロプラスチック汚染問題」を、海洋ごみ問題などとともに耳にすることも増えてきた。マイクロプラスチックが人体に与える影響はまだ明確にはされていないものの、多くの研究がその悪影響の可能性を指摘している。食器・容器などに用いられるプラスチックに含まれる添加剤の化学物質が溶出することによる内分泌系のかく乱作用（環境ホルモン作用）と同様のリスクが、マイクロプラスチックにもあるといったものである。近年の研究では生殖や発達への悪影響の指摘も多く、もしかしたら生活空間への新参者であるプラスチックがまさにいま、人類を滅ぼしつつあるのかもしれない。このようにプラスチック世界がどのように人体を蝕むのかもまだ「よくわからない」のである。

一方で新しいプラスチックの可能性を追求し、免罪符であるリサイクル・システムも社会に定着させながら、他方で脱プラスチック、減プラスチックを模索するという危ういバランスの綱渡りがどこでどちらに大きく傾くのか。それが建築・インテリアにおいても大きな転換点となることは間違いない。

? 9 なぜ三匹目の子ぶたはコンクリートで家をつくらなかったのか

ヨーロッパの民間伝承をもとにした『三匹の子ぶた』のおとぎ話はよく知られている。親元から独り立ちした子ぶたたちがそれぞれわら、木、レンガで家をつくる。わらと木の家は子ぶたを食べようともくろむ狼の息で（！）吹き飛ばされてしまうが、レンガの家はびくともせず子ぶたは助かる――手間を惜しまず勤勉にものをつくりなさい、という寓意がこめられた物語である。このわら、木、レンガというのは代表的な建築構法として話に登場しているわけなのだが、そこではなぜコンクリートの家がつくられなかったのだろうか。

この物語は18世紀後半に出版されたものらしいが、起源はもっと古く、中世のものと思われる。コンクリート自体は紀元前から使われていた古い材料であり、ローマ帝国でも大建築の中心的な構法として普及していたものなのだが、不思議なことに中世ヨーロッパではこの構法がほとんど忘れ去られてしまっていた（◈1-28）。その理由はよくはわかってはいないが、ひとつには原料となる石灰岩などの運搬の困難さがあり、また建築の規模・強度的にも概ねレンガ造で事足りたということがあると思われる。子ぶたの家も強風（狼の息）に対抗するだけならレンガで十分であった。この狼が地震を起こす能力などももっていて（あるいはそもそもよく地震がある地域の話であって）、「鉄筋コンクリート」が発明された後の時代なら、勤勉な三匹目の子ぶたは迷わず鉄筋コンクリートを採用したことだろう。

いま私たちが「コンクリート」と呼んでいる建築素材は、そのほとんどが「鉄筋コンクリート」である。部材を圧縮する外力にはめっぽう強いが、引っ張る、あるいは曲げるような外力にはやや脆いコンクリートの性質を補うために、内部に鉄筋を埋め込んだ鉄筋コンクリートが建築の構法として最初に一般化したのは20世紀初頭のフランスであった。その後こ

◆1-28　パンテオン（128年、イタリア）
ローマ帝国時代につくられた巨大なドームは、無筋コンクリート製。主に圧縮力しか内部に生じないドーム形状であること、鉄筋を用いていない（＝錆びない）こと、ローマのコンクリート組成が優れていたことなどによって、1900年近くも保たれている

れが近代建築における構法のチャンピオンといえるほど世界に普及したことはご存じのとおりである。その理由は、まずコンクリートの原材料が世界中どこでも比較的入手・運搬しやすいものであったこと、そしてなんといっても、強度、耐久性、耐水性、耐火性、遮音性など、建築に求められる主な性能を非常に高いレベルでほとんど満たしてしまうという、建材としての万能性である。実際には建築以上に土木の分野において、鉄筋コンクリートは他に替えのないくらいの基本材料となっている（◆1-29）。

この鉄筋コンクリートの万能性は、それが複雑な組成をもつことによって発現している。コンクリートの基本材料である「セメント」としては、石灰石や粘土などを混ぜて焼成した「クリンカ」に石膏を加えた「ポルトランドセメント」が一般的である。それに砂と水、砂利を混ぜてつくった「コンクリート」に、複雑な形状に編み上げた鉄筋を打ち込むことによって「鉄筋コンクリート」となる。工事も複雑で、配筋工事、型枠工事、コンクリート打設と、まるで何度も建築をつくっているかのような面倒なプロセスを経て完成する（◆1-30）。ところが完成した鉄筋コンクリートの構築物は、ほとんどそ

◇1-29　首都圏外郭放水路（2002年、埼玉県）
首都圏で水害を軽減することを目的とした治水施設。この巨大な地下神殿のような構築物は鉄筋コンクリートでしかつくりえない

の複雑な組成や工程を感じさせない単純な外観となる。型枠を保持するためのPコンの跡である丸い穴と型枠の継ぎ目の線が、かろうじてその工程の痕跡を示すのみである。このシンプルな姿に複雑な組成を内包するありようの神秘性は、自然物にも類似している。打放し仕上げのコンクリートが強い存在感を発するのは、それが人工物でありながら自然物のような雰囲気も兼ね備えているためだろう。

インテリアと鉄筋コンクリートの関係性についても、やはりその建材としての性能と切り離して語ることはできない。コンクリートとインテリアといえば真っ先に頭に思い浮かぶのはコンクリート打放し仕上げだと思うが、実はその実現はそう簡単ではない。そこには万能に近い鉄筋コンクリートの最大の難点でもある「断熱

◆1-30　鉄筋コンクリートの施工現場。片側の型枠と鉄筋の施工中。鉄筋が組みあがったらもう片側の型枠を建て込み、コンクリートを流し込む。それを階ごとに繰り返していく

性」の問題が立ちはだかるのである。コンクリートの物性はほぼ石と同様である。日当たりのよい川原にある小石が手で触れないくらい熱くなるように、石は熱を吸収し、内部に溜める性質をもつ。そのためコンクリートの外壁は夏に熱く冬に冷たい蓄熱体となり、室内で冷暖房しようとするときの大きな負担となってしまう。インテリアを打放しコンクリート仕上げとしたいなら、室内の空調負荷（あるいは暑さ寒さ）をある程度覚悟するか、外壁全面に外断熱を施すしかないだろう。しかし場合によってはそれを乗り越えてでも実現したくなるくらい、魅力がある仕上げであることも間違いない（◆1-31）。

「音というインテリア」をデザインしたいときにも、コンクリートは重要な役割を果たす。着目すべきはコンクリート躯体の特徴のひとつともいえる「遮音性」である。特に外部騒音の多い都市部の住宅において、音のコントロールはその空間の快適性に決定的なほど影響するデザイン要素といえるのだが、その基本となるのは騒音を遮断する遮音性であり、それを実現するためにはとにかくその境界

◆1-31　21_21 DESIGN SIGHT（設計：安藤忠雄、2007年、東京都）
地下部分でもコンクリート打放しの内壁を実現するため、断熱・防水対策として全体を二重の鉄筋コンクリート壁とするという大掛かりな構成となっている

壁の重量を大きくするしかない。もちろん騒音源である道路などからなるべく距離をとって建てるという対策もあるが、都市部でそのような余裕があることはめったにないだろう。そして重量を大きくするという点において、鉄筋コンクリートはその目的に最も適う材料である（◆1-32）。注意点として、遮蔽力が高いということは内部の音が反響しやすいということでもあるので、コンクリート壁の空間をつくる場合は、カーペットや吸音天井材などの吸音要素を適宜配置する配慮も必要となる。

◆1-32　はたのいえ（設計：山本想太郎、2009年、東京都）
すぐ横を首都高速道路と都道が通るという過酷な騒音環境に建つ住宅。鉄筋コンクリートと遮音窓で構成した外壁や設備配置の工夫により、「静音」というインテリアをデザインした

そしていま一度、コンクリートの「耐久性」の高さを意識すべきであろう。鉄筋コンクリート建築は、つくるときだけでなく、解体するときにも大きなエネルギーを要する。また現状、鉄筋コンクリートのリサイクル率は90％を超えるとされているが、再生コンクリートとして再利用されることはほとんどなく、砕かれて路盤材などとされていることを考えても、もはやこの環境負荷の大きいコンクリート構築物を安易につくったり壊したりしてよい時代ではない。打放しコンクリートの外壁やインテリアにあこがれるならば、見た目の格好よさのために快適性を犠牲にせず、長く使い続けられる住空間をつくることに配慮するべきだろ

う。三匹目の子ぶたが性能上そこまでは必要ないという判断からコンクリートの家をつくらなかったかどうかはわからないが、「建てるべきではない」社会においては、あらゆる建材の選択が、なにかしらの必然性をもってなされることになるのではないだろうか。

またコンクリート（モルタル）にとって今後重要な活躍の舞台となり、おそらくいずれ鉄筋というものを建築工程から消滅させる要因ともなるであろう建築3Dプリンターについては、後述したい（P189参照）。

10 スマートフォン、自動運転車、住空間、どれにお金をつぎ込むか

2005年に出版した住宅についての本の中で、私は「現在、そして近い将来より確実に、住宅デザインと競合する商品は携帯電話ではないかと考えている」と書いた（▼1-05）。その後、スマートフォンの普及（2007年にiPhone発売）もあって状況はより決定的となり、私の予想をはるかに上回る勢いで、モバイル機器とヴァーチャル・コミュニケーションが私たちの生活基盤となってきたことは改めて言うまでもないだろう。それはすなわち、人々の生の基盤環境のかなりの部分を、通信インフラやIT機器が担うようになりつつあるということである。通信インフラやそれを活用するためのハードウェア、ソフトウェアに

月々支払う「生活費」は、建築空間のために月々支払っていた家賃や住宅ローンなどと確実にお金を奪い合っている。家の仕様は多少我慢してでも、良好な通信環境だけは死守しなければならない、と考える人は多いだろう。これこそ私が住宅デザインの危機として感じていたものである。

しかし高度な通信技術によって、オフィスや店舗といった場にひもづけられた「機能」の意味は薄れるとしても、人が身体をもつ以上どこかに居場所は必要であり、建築がつくる空間の価値自体が下がるわけではない。２０２０年以降の世界に大きな影響を与えた新型コロナウイルス（COVID-19）感染症の大流行は、近代社会が築き上げてきた都市や建築の空間がまるで機能しなくなる状態を私たちに見せつけたが、その状況下でも、日本において住宅市場に対する需要は特段落ち込むことはなかったのである。

この時期にはっきりと顕在化した、「パブリック――プライベート」という意識の境界の解体や、コミュニケーションの多様化という現代的な現象が、都市から住宅へ、建築からインテリアへの社会資本のシフトを起こしうるものでもあるということは序章でも述べた。近代都市における住宅のイメージは、プライベートな居住のみのための空間、すなわち「専用住宅」なのだが、それ以前の時代までは洋の東西を問わず、作業場や社交場といった機能を備えた「兼用住宅」が一般的であった。これからの住宅はいま一度、さまざまな社会的機能をとりこんだ兼用住宅としても求められ、生みだされていくと考えられる。

では、都市はどうだろうか。eコマース、テレワーク、eラーニングといったヴァーチャル・アクティヴィティの一般化によって、小売店舗やオフィス、学校といった機能を都市が備える必然性はなくなり、やがては住宅と病院、介護施設くらいしか都市に残らないことになるのだろうか。しかし日本でも新型コロナウイルス対応の行動規制が解除された2023年現在、大挙して街に戻ってきた人の波をみるかぎり、そのような都市像にはまだしばらくは移行しそうにもないように思われる。

また近代都市は「機能」の追求によって整備されたが、そこで都市の中心部に建築を集中させた理由は、なんといっても社会の活動において、移動にかかる手間と時間を最小限にすることであった。そしていまその移動という概念にも大きな変化がおとずれようとしている。現代の移動交通手段には自転車から鉄道、飛行機までさまざまなものがあるが、そのなかでも自動車は究極の乗り物である。自宅から目的地までドアとドアを結び、時間や気候の制約も少なく、体力を使わずに移動できるという他に替えのきかない利便性をもつため、公害やエネルギー負荷、社会インフラへの負荷、危険性などさまざまな問題を抱えながらもこの乗り物がなくなることはないだろう。そして2021年に政府が発表した『2050年カーボンニュートラルに伴うグリーン成長戦略』には、遅くとも2030年代半ばまでに乗用車新車販売で電動車100%を実現できるよう包括的な措置を講じると記されており、世界的な流れでもあるこの自動車の脱化石燃料化はおそらく現実のものとなるだろう（▼1―06）。もちろんこれは地球温暖化対策が主眼となったものなのだが、影響はそこにとどまらない。

自動車が今後電気製品として進化していくことになると、その形状や大きさの自由度は上がり、より精密な制御が可能となる。これまで都市や建築の大原則は「歩車分離」（歩行者と自動車の活動エリアを分けること）であったが、パーソナルでクリーンな自動車がより深く人の生活空間、それこそ寝室の中にまで入ってくることも考えられる。当然それはインテリア空間の形状や材質にも変化を求めてくる。

そしてやがておとずれる自動運転の一般化は、生活スタイルどころか場所や時間の概念すら変革してしまうかもしれない。すでに安全運転サポート機構は年々進化しており、段階的に自動運転が実現していく未来はもう間近である。そして完全自動運転車が実現すれば移動自体が意識から消えていく。そのとき自動運転車のインテリアは日常的なワークプレイスや居住空間としてデザインされることになるだろう。働いたり寝たりしている間に移動ができるなら、移動にかかる時間などどうでもよくなる。そこにいたって、移動にかかる手間と時間を最小限にすることを合理とした近代都市は、その意味を再考せざるをえなくなるはずである。

近い将来、合理・機能性という原理を失った大都市はどのような姿で残っていくのだろう

◆1-33　東京、秋葉原の風景（2023年）
秋葉原は「情報を減らさない」、すなわち都市像という情報の不確定性が高い街である

か。通信インフラの進化によりそもそも移動するということの必然性が薄れる一方で、自動運転によって移動の負荷が消えていく。そこで求められるのは、社会的合理を超えた場所の魅力だろう。いわゆる「界隈」や都市空間自体の魅力は、機能ではなくイメージの集積によってもたらされる。たとえば東京の秋葉原の街にある商品はほぼすべてネットで効率よく検索・購入することができるのだが、あまりにも独自性の高いこのイメージの集積は世界から人を現地に集めている（◆1-33）。さまざまな大型店舗もその存在意義を危ぶまれているが、そこに独自の価値やイメージの集積があるならば、その空間は人を惹きつけるだろう。価値やイメージの集積とは、単純に情報

量が多いという意味ではない。後述するが、「情報を減らさない」ことこそが超インテリアの思考がつくる空間の最大の存在意義となっていくと考えられるのである（P281参照）。

同じようなビル群、同じような店舗といった既成のイメージを再生産し続ける、いま日本全国でおこなわれているような開発は、まさにこの界隈性都市像の真逆であり、持続性のない、都市の消費行為に思えてならない。

このようにモバイル通信、自動運転といった技術がもたらすプライベート空間の進化は、建築や都市の価値をゆるがすような現象としてすでに起こり始めている。しかしそれは逆説的に都市や社会の空間が解放される可能性も示唆する。すなわち資本主義的な合理性の枷から解放され、人が集まり生活する根源的な意味を映す空間となっていく可能性である。ただしそれは社会が、既存の空間概念や「都市」「建築」「インテリア」といった枠組みを白紙に戻す覚悟でそのありかたを再構築することなしには実現しない。この覚悟と思考をもてるかどうかが、超インテリアの空間文化の成否を左右することになるだろう。

❓11 なぜ壁に絵を飾るのか

ビルのエントランスホールやホテルの部屋の壁に絵が飾られているのを見ても、そのこと自体に違和感を覚える人はあまりいないだろう。しかしそれはアートを鑑賞させるためなのか、その空間を良く見せるためなのか、それとも何か別の意味があるのか。ここにおける「壁（建築）」と「アート」は、芸術表現として完全に切り離して考えることはできないが、とはいえ一体の表現ともいえない独特の関係性をもっている。その意味と可能性を、建築とアートの歴史を辿りながら考察してみたい。

アクロポリスの丘に建つパルテノン神殿の遺構は、その復元イメージとともに、誰もが認める西洋建築の原点のひとつといえるだろう（◈1−34）。この神殿をはじめとするギリシア・ローマの古典様式建築では、古典期に発展してきた柱と梁で組み上げる建築技術の構築美と、彫刻や絵画といった美術という、それぞれの表現文化の成熟段階が奇跡的なほどに調和しており、その調和の美しさは現代にいたるまで西洋建築、さらには世界中の建築の美意識に影響している。こうした建築における表現の調和は非常に繊細なものであり、その時代、その

◆1-34　パルテノン神殿（復元）（1931年、アメリカ）
建築とアートの「調和」。本物のパルテノン神殿（BC442-432年頃）は遺構としてギリシャのアテネにあるが、これは建設時の姿を原寸大で復元した建築。美術館として使われている

社会における多くの人々がその構成を美と認めるだけでなく、後世にも影響力をもつような建築の形式というのはそうそう生まれるものではない。そういった形式を私たちは「様式」と呼んでいる。そしてそれぞれの様式の表現性において、建築とアートの関係性もまた、さまざまに変化してきた。

西洋において建築とアートがそれぞれの特性を十分に示しつつも「調和」した古典様式の時代に続いておとずれたロマネスク様式時代には、絶大な権勢を誇ったローマ帝国の中心性が失われ、西ヨーロッパ各地で独自性のある建築文化が発展した。この時代、ローマ帝国ほど贅沢に装飾できないながらも技術は進化していき、技術にもとづいた建築表現自体が美的表現となるような、建築とアートの「融合」が進む。そしてその融合が体系化された到達点ともいうべきものが生みだされる。ゴシック様式である。ゴシック様式の建築は一見すると非常に装飾的に思えるかもしれない（たしかに純粋な装飾要素も多い）が、その形式の中核を構成しているのは柱、控え柱、梁、窓、といった建築の基本要素が過剰に強調された形態であるともい

◆1-35 ノートルダム大聖堂（1345年、フランス）
ロマネスク様式の要素も残る初期ゴシック建築。建築とアートが「融合」した迫力に満ちた大空間は、表現としての完成度の高さゆえに超越的で厳しい印象を与える

える。そのように見れば、まさに建築とアートの融合が極まった表現といえるだろう（◈1-35）。

ゴシック建築における建築とアートの融合は荘厳な表現性を生みだしたが、それは同時に、そこに人間の入り込む余地がないように思えるほど、建築自体の存在感が強いものでもあった。その冷厳さに対する反動もあって、そのあとに登場するルネサンス様式の建築は古典時代の人間中心主義的な「調和」の再生を標榜することになる。しかし建築技術と芸術文化の進化段階が奇跡のように像を結んだ古典様式とはもちろん時代背景が異なっており、それはあくまで引用、参照とならざるをえず、むしろその引用方法を含めしだいに独創性をもった美の追求へと加速していった（◈1-36）。その流れをついで、アートが建築全体を「被覆」しつくすようなバロック、ロココ様式の時代がおとずれるが、その華麗なアートの集積は絶対王政による権力集中に支えられたものでもあった（◈1-37）。そしてその権力が衰退し、近代社会の足音が近づくとともに、いま一度建築の古典的「調和」美を引用しようとする新古典主義、歴史主義様式の時代となるのだが、これはアート表現が勝ったバロック、ロココ

◆1-36　システィーナ礼拝堂（1481年、バチカン市国）
ミケランジェロ等のルネサンスを代表する画家たちによる壮麗な壁画で知られる。柱・梁などの建築要素もきちんと強調されており、古典建築のようなアートと建築の「調和」も意識されている

時代から、装飾性を否定する機能主義の近代へと移行していく大きな流れにおける、中間的な通過段階であったともいえるだろう。

そして20世紀、ついに近代様式（モダニズム）の時代が到来する。合理的な機能性を追求した近代様式では、建築とアートを一体のものとして扱うことが理念的にやりにくくなってしまった。そこで考えられたのが、アートと建築を切り離された存在としつつも、お互いを補完するように配置するという「分離」の手法である。オフィスビルや公共建築の前になぜか置かれた大きな彫刻や、エントランスホールの大壁画などの設置は現代でもよく見られる定番手法となり、皆さんもたくさん目にしたことがあるだろう。機能的でシンプルな近代様式の空間は人の意識をつなぎとめるような焦点をつくりにくいため、それを補うように視線を集める彫刻や絵画を配置するのである。かくしてお洒落なインテリアのイメージに、アートが定番要素として置かれることとなった（◆1-38）。

たしかにホテルのベッドの上に掛けられたちょっとした絵や写真によっても、その部屋を好ましく感じさせられてしまう。これは、

◆1-37　聖ヨハン・ネポムク（アザム）教会（設計：アザム兄弟、1746年、ドイツ）
ロココ様式建築の教会。アートが「被覆」しつくすことによって、柱、梁、天井といった建築要素の輪郭すら曖昧になっていることがこの様式の特徴

外部空間にはとりあえず木を植え、内部にも観葉植物の鉢植えを置きさえすれば印象が良くなる、という法則とも似ている。そのようなアートや緑の価値はもちろん否定できないが、それらの安易な法則に甘えて思考停止してしまうことは、超インテリアの観点からは看過できない。しかし建築とアートがそれぞれ多様化し、技術的にも高度化した現代において、古典様式のような「調和」やゴシック様式のような「融合」を追求しても、それは時代の感性としては共有されない表層的な操作に陥ってしまうだけだろう。現代において分離した建築とアートがより深まりのある関係性をもちうるとするならば、それぞれが表現の自律性を保ちつつも、たしかに他方の存在に貢献するようなありかたではないだろうか。それは建築とアートの「共生」とでもいうべき関係性である。

　インテリアにおける建築とアートの「共生」の原理はシンプルである。それは、建築がアートの形に、アートが建築の形に影響を与え、相互に価値を高めあうように作用させること。方法の例として、建築の仕上げ素材や塗装とアートの素材や塗装を同じにするだけでも共生は発動するだろう（◆1-39）。ただしそのシンプルな構図の実

◆1-38　日本橋大伝馬町プラザビル（設計：ランドビジネス+山本想太郎設計アトリエ、2009年、東京都）
シンプルなエントランスロビーの空間。ここに絵画が掛かっていない状態を想像するとかなり物足りないが、アートと建築は「分離」した存在なので、ここにあるアートがマーク・ロスコの絵画（シルクプリント）である必然性も特にはない

現のためには、建築が器でインテリアが中身、さらにアートはその備品、という概念や、既成の設計・施工のプロセスそのものを変容させなければならない。建築の日常性とアートの非日常性をどのように共生させるか、その答えはインテリアが生成される状況にしっかりと向き合い、そこにしかない特殊性を見つけだすことによってのみ導きだされる。

より積極的に「共生」を仕掛けた例も示しておこう。《妻有田中文男文庫》では、アートとインテリア、そして施設の理念自体を密接に関連づけることが試みられた（◆1−40）。ここに置かれているのは韓国のアーティスト、カン・アイランによる光る本のアートである。書籍の形を模し、ＬＥ

◆1-39　ベルリン美術館　新ナショナルギャラリー（設計:ミース・ファン・デル・ローエ、1968年、ドイツ）
美術館前に設置されたアレクサンダー・カルダーの鉄の彫刻は、建築の鉄骨と同色に塗装され、建築表現と明示的に関係づけられている

Dを内蔵して七色に変化しながら光るというアートが、普通の本と並んで本棚に置かれている。「本」の形がもつ日常性と、それが七色に光るという不思議な非日常性が同居するこのアートを、それが置かれる状況と密接に関係させる、ということを意図して空間がデザインされた。

民家のような古い木造の公民館のリノベーションに際して、床の間、漆喰壁、透かし組子の欄間といった元々の建築要素と、新しく設置された本棚を、それぞれの見えかたが拮抗するような配分で重ね合わせた。本棚や家具を暗い色調にしたことによって、照明が暗いときは光るアートが目立っているが、明るく調光していくと本物の本が目立ってくるという、存在感の反転がおこる。この日常と非日

◆1-40　妻有田中文男文庫（設計：山本想太郎、アート：カン・アイラン、2007年、新潟県）
光る本のアートをちりばめて配置した地域文庫。アートの存在が日常と非日常のゆらぎをつくり、本を読むという行為への感性を増幅する（「大地の芸術祭　越後妻有アートトリエンナーレ」出品作品）

常がゆらぐように重なり変化する感覚は、この施設自体が「越後妻有アートトリエンナーレ」という大きなアート・イベントの展示作品であることと、集落の地域文庫であることというまったく異なった特質を併存させるものであることとも呼応している。

近代以降「分離」してきた建築とアートは、それぞれの表現形式の内部で熟成してはきたが、専門分野に閉じているがゆえに、かぎられた表現範囲の中で小さな差異を競わざるをえないという停滞に陥っている感も否めない。いまそれらを「共生」させようと試みることは、その閉塞感を突き破る力ともなりうるのではないだろうか。

12 柱はインテリアの役にたつのか

柱はもちろん、建築を支える主要な構造体として立っているものなのだが、同時に空間の形状やイメージに大きな影響を与えるものでもある。「大黒柱」という言葉に象徴されるように建築の中心的な存在として強く意識されることもあれば、空間の周囲を囲む枠組みとして意識されることもある。インテリアデザインにおいて、柱は触れることのできない領域にあるものとして考えられることも多いが、超インテリアの思考はもちろん、空間の質を決定

◆1-41 ジョンソン・ワックス社事務所棟（設計：フランク・ロイド・ライト、1939年、アメリカ）
きのこのような形の柱が林立するオフィス空間。屋根を支えるという力学の表現と、傘に覆われる感覚が柱の存在感を強調している

的に左右する柱を、単なる構造体としてではなくインテリアの構成要素としてデザイン対象とする。

前項でもとりあげたギリシア・ローマ時代の古典様式建築において、柱は明確に建築表現の権威を象徴する役割を与えられていた。ドーリア式、イオニア式といった類型（オーダー）に従った装飾方法による柱が建ち並ぶ壮観は、近代の古典主義建築にいたるまで、権威的な建築のために繰り返し踏襲されてきた手法である。

現代においても、意匠性を強調した柱のデザインは空間全体のデザインの主要素となりうる。フランク・ロイド・ライトの設計による《ジョンソン・ワックス社事務所棟》は、きのこのような形の柱が林立するオフィス空間が有名である（◆1-41）。この柱も柱基・柱身・柱頭という古典様式の円柱のような構成となってはいるが、大きくカサを開いた形状によって、建築を支えるだけでなく空間を覆うというところにまで柱の存在感を拡張している。

「大黒柱」のように、一つの柱の存在が空間の中心となって強い印象をつくる場合もある。《東光園》ホテルは、5、6階部分を7階か

◇1–42　東光園（設計：菊竹清訓、1964年、鳥取県）
大黒柱の風格で空間の中心となる5本組みのコンクリート柱が建築全体の特殊な構造を意識させる。この建築にしかない柱のインテリア

ら空中に浮いたように吊り下げるという大胆な構造と、その構造を支える、5本の鉄筋コンクリート造の柱を結合した大きな組み柱、という構成を際立った特徴とする建築である。その組み柱はロビーラウンジの中央も貫通しており、そのインテリアを、まさにこの建築にしかないものとして特徴づけている（◈1–42）。コンクリート打放し仕上げによる素材としての重厚感だけでなく、5本の柱が組み合わされた大きさと形態もあいまって、この柱の存在感は強烈なものとなり、それによってこの空間は確実にこのホテルに宿泊した体験と一体となって記憶に残る。まさに柱がつくるインテリアである。

空間を中心から定義するのではなく、その配置によって空間の形を規定する枠組みとなるということもまた、柱の重要な機能である。日本

◆1-43　神奈川工科大学　KAIT工房（設計：石上純也、2008年、神奈川県）
大量の柱が、その配置で柔らかに空間を仕切る。極限まで細められた柱は構造体としての印象が薄まり、その結果空間の中心ではなく枠組みとして感覚される

の伝統的木造建築で約90㎝のグリッドに沿って配置された柱が整った間取りを形成していることにはじまり、現代建築で等間隔に配置された柱がオフィスや店舗の無性格な大空間に一定のスケール感を与えていることなども、空間の形を規定するという柱の機能をよく示している。《神奈川工科大学　KAIT工房》では、構造である柱の配置を自由自在に操作することによって、壁を使わず緩やかにさまざまな大きさ、形状の空間を生みだすことが試みられている（◈1–43）。

柱を中心（主役）とするか枠組み（背景）とするかは、個々の柱の存在感のコントロールによってなされるところが大きい。《東光園》の組み柱が巨大なものであったことに対して、《KAIT工房》の鋼鉄製の柱は空間の広さに対して非常に数が多いため、数㎝から10数㎝という、極限まで細いものとすることが可能になっている。柱を柱として認識できるギリギリまで細くしたこと、さらに抽象的で存在感の淡い白色に塗装したことが、この背景としての柱のみの空間を成立させている。

リノベーション空間においては、柱はまた別の意味をもつ。一般に余程そうしなければならないような理由がないかぎり改修時に柱や梁を切ったり抜いたりはしない。それは建築構造というものがその建築全体のバランスにおいて成立しているため、一箇所の構造体を改変するだけでも、建築全体の構造を検証し、適切に補強しなければならなくなるからである。住宅のような小規模な木造建築の場合には、部分的な梁の補強などをおこなえば柱を抜くことも可能ではあるが、それもあくまで限定的な部位にとどめざるをえない。

しかしリノベーションにおいて、この動かせないということを必ずしも否定的に捉える必要はないだろう。それは過去の痕跡であり、また動かし難く空間を支えている存在でもある。すなわちそれはそこで生みだされ時を重ねてきた、その場所の特徴としての「地形」のようなものであると考えられるのではないだろうか。そこに露出してきた柱は、天井を取り払って露出した設備と同様に、建築の本質と使用者の意識とをより近しくする効果をもつだろう（◆1―44）。

◆1-44　紙の家（設計：山本想太郎、2019年、東京都）
昔ながらの木造民家を大きなワンルーム空間へとリノベーションした。空間に残る柱は、以前の住空間の記憶を宿すと同時に、慣れ親しんだスケール感を与えている。また和紙調塗装という特殊な仕上げによって、古い木材の風合いを残しつつも、その存在感が新しい要素に馴染むようにコントロールしている

また一言で「柱」といっても、それは実は木材、鉄骨、鉄筋コンクリートなどでつくられた本当の構造体部分だけを意味する場合と、その表面を被覆する仕上げ材やパネルなどを含めた輪郭の形を意味する場合がある。もちろん仕上げ材は法規制に抵触しないかぎり取り払ったり、違う材料・形状に変えたりすることも可能である。その変更によって柱の存在感をコントロールし、その意味合いを変化させることもまたリノベーションにおける重要な戦略となる。

述べてきたような柱が人の感覚に与える作用は、なによりも、それが物理的に建築を支えているものであると認識されることによって強度を与えられている。そしてその強度の意識されかたのコントロールこそ

が、インテリアデザインにおける柱の扱いの勘どころといえるだろう。

13 雑貨は建材なのか

「優れた建築を生みだすことに貢献しうる優れた製品、未来への布石となる製品」を毎年選定・表彰する「みらいのたね賞」(主催:日本能率協会 企画協力:HEAD研究会。旧名称:HEADベストセレクション賞)は、日本最大級の建材展示会である「ジャパンホーム&ビルディングショー」の公式アワードともなっている建材賞である。私はこの賞の企画発案者であるため2011年のスタート以来毎年選考委員を務めてきたのだが、このように継続して選考をおこなっていると、建材の傾向を通して時代の移り変わりをはっきりと感じることができる。

初期においてはリノベーション・ブームにも呼応して、従来なかった改修工事での使いやすさやDIYに対応した建材の登場があった。次にエコ、ZEH、SDGsといった用語の大合唱のもと、高断熱、省エネルギー、低環境負荷を標榜する建材の急増。さらにAIブームとも連動するようにIT活用のシステムやコミュニケーション型製品があらわれ、同時期には日本政府も政策として強く取り組んでいる木材活用系の建材も日本中で製品化されはじめた。そしてウェル・ビーイング概念の広まりとともに、化学物質フリーの自然素材や高齢化対応など健康性や快適性をテーマにした建材の流れ、さらに新型コロナ禍を受けてのウィルス感染症対応製品と続いてきた。

10年と少しの間だけでもこれだけの流行の波があったのだが、もちろん前の波で目指していた概念が製品から消え去るわけではない。そこに新しい流行の概念を重ねながら、次々と新しい製品を生みだしていくエネルギーにはいつも感銘をうける。しかし実はその波乗りをしている建材メーカーたちから幾度となく、漠然とした不安を抱いているという話も聞かされてきた。国連や政府、経済界が提唱するキーワードに踊らされた製品開発の追いかけっこは、はたして本当に生活者のリアルな要望に応えているのか。それがよくわからないため、結局いつも業界内で周りを見回しながらおそるおそるその波に乗るしかないという状態への不安である。それも仕方のないことかもしれない。なにしろ建材メーカーの大半はゼネコンや工務店に製品を売っているため、生活者の声を直接聴く機会が非常に少ないのである。この建材メーカーとユーザーとの距離の遠さは、建築業界の根深い問題となっている。

たとえば建材製品の実際の価格というものは、私たち建築家でもよくわからないものが多い。カタログに定価が掲載されていたとしても、実際に施工者がそれを購入する価格はそこから大幅に割り引かれたものであり、さらにあいだに取次業者がいくつも挟まることで、同じ製品であっても施工者によって全然違う見積もりが当然のことのように出てくる。それでは建築が一般社会から「わかりにくくて手を出しにくいもの」と思われても仕方がないだろう。それに対して近年ついに、新しい潮流が見られるようになってきた。いくつかの水回り製品メーカーなどがはじめているのだが、カタログ掲載の価格と施工者に販売する価格を一致させるという姿勢である。値引きを前提としないため、そのカタログ掲載価格は当然、施工者に値引き販売をしているメーカーに比べて格段に安くなる。このことの最大のメリットは、ショウルームをおとずれたユーザーと実際の製品価格を伝えながらのコミュニケーションがとれることである。結果として、その製品の価値に対するユーザーの評価をより直接的に知ることができるだろう。大手の家具販売店や家電量販店などがリフォーム分野に参入してきた影響もあり、おそらくこの流れは今後より広がっていくのではないだろうか。

そして価格だけでなく、その性能やありかた自体を、よりユーザーに近しいものとしようとする建材製品も増えてきている。それこそが、私が最新の建材の傾向として感じている「建材の雑貨化」である。

「インテリア雑貨」という言葉は家具や調度品、食器などを包括するジャンル名として一般的に用いられているが、「建築雑貨」という言葉は聞いたことがない。命を預けるような信頼性や耐久性を意識せざるをえない「建築」という言葉と、日常を軽快に彩る「雑貨」という言葉は相性が悪いのかもしれない。しかし超インテリア時代の到来を予感させるように、建材にも雑貨的な感性のものが増えてきている。それらはもちろんリノベーションやＤＩＹのもつ「普通さ」の感覚にも通じるものであり、実際にそのような局面にダイレクトに適応する製品も多い。そして当然、その販売方法もネット通販のようなよりユーザーに近く透明性が高いものとなる。

これまで建材が扱えていなかった「建築の大気圏」の事物と、建築とを結びつけるような発想に満ちた雑貨的感性の製品を、「みらいのたね賞」受賞製品の中からいくつか紹介したい。

壁紙を、付箋紙のように「貼ってはがせる」ものとするための接着剤である「マタハルくん」（株式会社フィル）は、ＤＩＹ（セルフ施工）を前提とした製品であり、既存の壁紙の上にそのまま重ねて貼ることもできる（◈1―45）。失敗してもすぐに貼り直せるので、誰でも失敗なく施工できるし、賃貸住宅でも原状回復を気にせずに模様替えできる。これならば壁紙リノベーションは家具やカーテンの変更と同じくらい気軽なものとなるだろう。現代日本において、住居をはじめとした日常的な空間のほとんどは白っぽく、無地か目立たない柄の壁紙で仕上げられているのだが、それはどのような部屋の使いかたにも無難に対応できるようにしようとしているためである。内装仕上げが固定的なものであるという概念が覆され

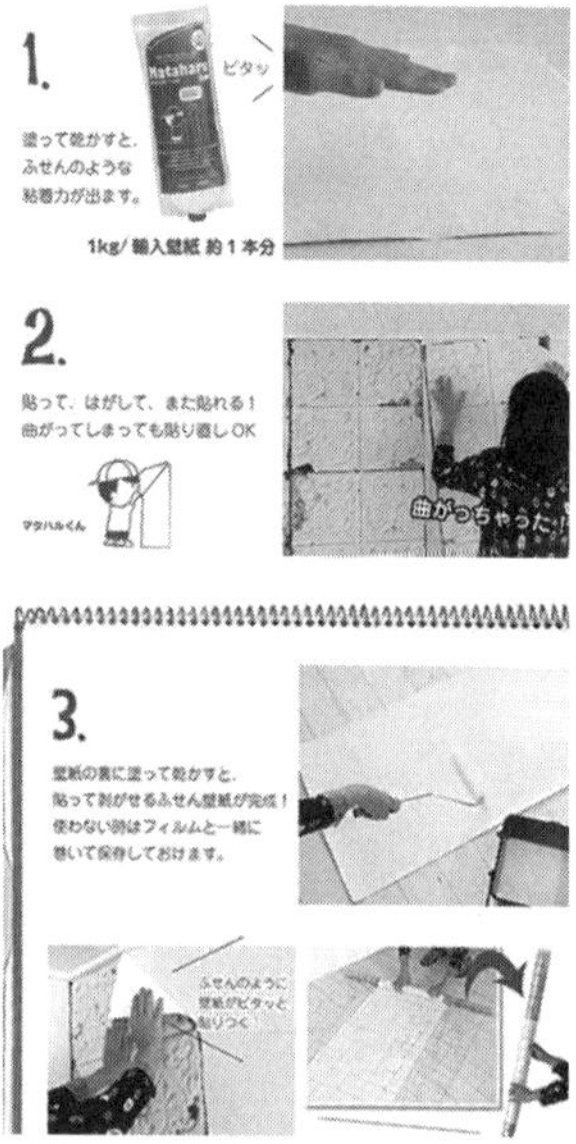

◇1–45　マタハルくん（株式会社フィル）壁紙を貼るための「貼ってはがせる」接着剤。失敗してもすぐに貼り直せるので、誰でも壁紙施工ができるし、賃貸住宅でも原状回復を気にせず模様替えできる（2013年受賞）

てしまえば、無難な一般解をこえたさまざまな色柄のインテリアが選択される可能性も広がるだろう。

屋外照明をユーザー自身が配線できるようにする「タカショーローボルト®ライトシステム」（株式会社タカショーデジテック）も、DIYを標榜している（◆1–46）。建築の回りの屋外空間では、植物の生育や物品の移動に応じて照明器具の位置を変えたくなることがしばしばあるだろう。しかし通常の100ボルトの配線は、感電・漏電すると危険であるため有資格者でないと施工ができない。このシリーズは、起点となる12ボルト、24ボルトへの降圧トランスさえ専門業者に設置してもらえば、あとは安全な低電圧となり、ユーザー自身が配線施工することもできる。これもまた、建材とユーザーの距離を一気に縮める製品である。

独特の仕組みと光り方の照明器具である「NIGHT BOOK」（株式会社ワイ・エス・エム）は、それこそ通常は雑貨に分類されてしまう製品だろう（◈1-47）。本棚に並べられた一冊の本のような形のこの製品を手前に引き出すと光る、というだけのシンプルさだが、その造りや光の品質はとても高い。なによりも、製品自体の発光ではなく横に並んでいる本の背表紙を照らすことによって本棚が美しい照明になるという発想は、照度分布や実用性を最重視してきた建築照明にはなかった、雑貨ならではのものだろう。私たちは照明になにを求めているのか、ということを改めて考えさせられる。

誰でも見たことがあるであろう、エレベーターの内壁を一時的に保護するためのフェルトのシート（しばしば設置されたままとなっている）の柄を自在にデザインできるという製品が、「エレベーター

◈1-46　タカショーローボルト®ライトシステム（株式会社タカショーデジテック）
庭園の照明などは、植物の生育によって頻繁に設置位置や形状を変えたい。この屋外照明シリーズは、低い電圧の配線システムとすることで、有資格者でないユーザーでも自由に配線や器具交換が行える（２０１４年受賞）

◆1–47 NIGHT BOOK（株式会社ワイ・エス・エム）引き出すように動かすと点灯する、本形をした照明器具。器具自体の発光ではなく横に並んでいる本の背表紙を光らせることで美しくほのかに部屋を照らすという、建築照明では思いつかないような雑貨的アイデア（２０２２年受賞）

用デザイン保護シート」（クリーンテックス・ジャパン株式会社）である（◆1–48）。これをはじめて見たときには、「これこそが実際にはエレベーターのインテリアである」という事実をつきつけられた衝撃があった。この製品だけでなく、壁紙やカーペットなどの柄を写真やCGデータによってカスタマイズして特注生産することのハードルはかなり低くなっている。これらを実現した大型インクジェットプリンターの進化は、建材をカジュアルな存在に近づける基盤技術のひとつといえるだろう。

インテリアに、目に見えないエネルギー基盤をもたらす「家具設置型ワイヤレス給電ユニット」（株式会社 ビー・アンド・プラス）、「マグネットがつく壁（磁性建材）」（ニチレイマグネット株式会社）も大きな可能性をもったシステム製品である（◆1–49、◆1–50）。スマートフォンの充電などでも普及しつつあるワイヤレス給電は、これまでコンセント、コードという配線の取り扱いに制約されていたインテリア空間に自由を与える。また磁性建材は建物に固定されていた棚や電気製品をマグネット設置とすることによって、それらの配置に自由を与える。両者を組み合わせることができれば、その時々で自在に位置を移動できる天井照明や、壁のどこにでも移動設置できるテレビなども、すぐに実現するだろう。

◆1-48　エレベーター用 デザイン保護シート（クリーンテックス・ジャパン株式会社）
本来はエレベーターの内壁を一時的に保護するシートだが、それが実際に常時設置されたままとなっているものをよく見かける。そこに注目し、その柄を自在にカスタマイズできるようにしたアイデア製品（2019年受賞）

ついにトイレが雑貨化したともいえるような製品が、「可動式アメニティブース withCUBE」（株式会社 LIXIL）である（◆1-51）。このトイレブースは容易に移動可能なユニットとなっているため、器具数や男女比の要求の変化に柔軟に対応して移設や増設ができる。排水を上部に上げる圧送ポンプを備えていることで、配管工事もかなり容易となる。またこの製品は、メンテナンスを含めリース品としても供給される。現在は主として物流倉庫などを想定した製品なのだが、建築において固定要素であった水回り設備が配置の束縛から解放され、家具のように使いながら変更していくことが一般化すれば、建築計画の概念は大きく変わるだろう。

雑貨化した建材は特異なアイデアから生まれた実験的な製品のようにも見えるかもしれないが、その背景も影響もけっして小さなものではない。その推進力ともなっている「普通さ」の感覚は、建築・インテリア、そして「建築の大気圏」にあるさまざまな事物のあいだの境界線を軽々と飛び越えていく。これらの製品はまさに超インテリア時代の先触れのように思えるのである。

◆1-49、1-50 家具設置型ワイヤレス給電ユニット（株式会社 ビー・アンド・プラス）（2022年受賞）、マグネットがつく壁（磁性建材）（ニチレイマグネット株式会社）（2020年受賞）
ワイヤレス給電は、これまでコンセント、コードという配線に制約されていたインテリア空間に自由を与える。また磁性建材は建物に固定されていた棚や電気製品の配置に自由を与える。どちらも見えないエネルギー基盤によって、建築・インテリアの既成概念を覆す

? 14 なぜ扉を開け放しにしたら怒られるのか

建築が、ソトから切り離されたウチをつくる装置であることは何度か述べてきたが、もちろん金庫のように完全に外部を遮断した状態は人の生活の器として相応しくない。まず

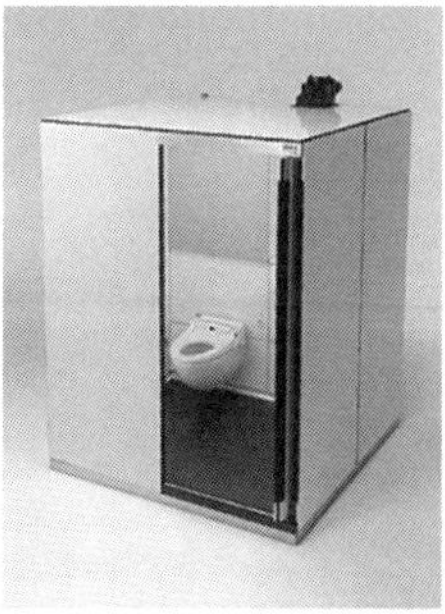

◆1-51　可動式アメニティブース withCUBE（株式会社 LIXIL）
このトイレブースは容易に移動可能なユニットとなっており、リース品としても供給される。建築の固定要素であった水回り設備を、使いながら変えられるものとすることは、空間概念の大きな変革の可能性さえも感じさせる（2021年受賞）

外部と内部を行き来できなければ多くの社会活動がままならないし、光や風の出入りも、特殊な状況を除けばあったほうが好ましい。つまり建築空間には出入口や窓といった「穴」も必要なのである。そしてただ穴をあけるだけだと今度は閉鎖性がなくなりすぎてしまうので、その穴の開閉を制御する装置、すなわち「建具」が登場する。「穴」は、床・壁・天井という境界面以外で、絶対に建築空間になくてはならないと断言できる唯一の要素であり、そこにほぼ確実にある建具という要素の、インテリアデザインにおける存在感は非常に大きい。

また建具の形はかなりわかりやすいアイコン（なにかを象徴する記号）である。巾が70～90㎝くらいで縦長の四角形が垂直に立っていれば、私たちはそれだけで入口、ドアを連想してしまう（◈1-52）。さらにそこにドアノブを加えればもう情報としては十分なので、誰でも簡単にドアの絵を描くことができるのである。それだけではなく、建築外観に大きなドアがあればそこが正面であることを示すし、進むべき方向（動線軸）も暗示する。

裏を返せば、世界中で概ね同じような形になるほど、建具のデザ

◇1-52　黄金スタジオ（設計：神奈川大学曽我部昌史研究室+マチデザイン、2008年、神奈川県）
扉を壁と同じ材料、枠無しで極力見えないようにしても、細い目地が描く四角形だけで、やはり扉であるとはっきりわかる。もちろん本当に「隠し扉」になってしまうとそれはそれで不便なので、この見えかたもきちんとデザインされたものである

インは制約を受けたものであるともいえる。出入口ならばまず人が通れる大きさでなくてはならないし、あまり大きくすると重くなって開閉が大変なうえに壊れやすい。要求される堅牢性や気密性などの条件にもよるが、使える材料やディテールもかなり限定される。また開き扉でも引戸でも必要な、手をかけて開閉するための取手、施錠が必要な場合の鍵穴など、ある程度定型化した付属物もつけなければならない。これらの制約ゆえに、建具のデザインに際しては、まずはそれが建具であるという事実と切り離しては考えないことが基本となる。ルールを逸脱して美しい建具をデザインしても、その開

閉操作が大変だったり、壊れやすかったりしては、結局その美しい状態を保つことはできないだろう。

イタリア、ヴェローナにある古城をリノベーションした《カステルヴェッキオ美術館》の出入口は、鉄とガラスでつくられた明らかに近代的な形と素材の開き扉と折戸で構成されている（◈1―53）。近代建築であることを明示するようなこの造作を古城のアーチ形の開口部と対比させる仕掛けを繊細にデザインし、古いものと新しいものが同じ強度で共存する奇跡的な調和を実現している。建具のもつアイコン性と機能性を見事にデザインに昇華させた例である。

さて、建具のデザインをする際に、それが閉まっている時と開いている時、どちらの姿で考えるべきか。そもそも閉まっている状態と開いている状態のどちらが正式な状態なのだろうか。どちらの状態もその建具がきちんと機能している状態であるため、それがダメとは言いきれないはずなのだが、子供の頃、部屋の扉を開けたまま出て行ってしまい「きちんと閉めなさい」と注意された記憶のある人も多いだろう。

もちろん閉じておく、開いておくことの根拠やルールがある状況は多い。冷暖房している部屋の窓や扉は閉めるべきだし、夜に玄関扉を開けておくのは不用心。シャッターや雨戸のような専ら遮蔽のみを目的とした建具は、内部で活動がおこなわれているときには開くもの

◆ 1–53　カステルヴェッキオ美術館（設計：カルロ・スカルパ、1964年、イタリア）
近代リノベーションの巨匠、スカルパによる有名な建具。空間デザインにおいてこの建具が重要な役割を果たしている

なので、開いている状態が正式と考えるべきだろう。家にある仏壇にも小さな折戸の扉がついているが、これは基本的に常に開けておくのが正式。対して神棚の小さなお社の扉は通常時は閉めておくのが一般的なようである。

では最も多い開き扉はどうかと観察してみると、どうも開いている状態の見栄えが悪いものが多い。まず部屋の形がきちんと90度、あるいは180度扉が開く造りになっていないことが多いし、通行しようとすると取手がいかにも納まりの悪い様子で出張っている。また開いた状態では扉の小口の金物（閉めたときに固定するためのラッチや鍵をかけるためのデッドボルト）が見えてしまう。扉を吊っている丁番もかなり目立って見えてくる。どうやらこれらの金物は、扉が閉まっている状態で比較的きれいに納まるようデザインされているように見受けられる。総じて扉を開いた状態は不安定に見えるし、風にあおられて動いてしまうことも予感され、落ち着かない。つまり扉自体も、それが取り付けられる部屋の形も、閉まっている状態が正式であると主張するようなデザインなのである。これが「きちんと閉めなさい」と言われた原因なのかもしれない。そして扉が開いた状態は正式ではないため、その状態の見栄えを良くしようとは考えない。トイレのフタが、人が使用しているときは常に開いているのに閉じた状態の美観を正と考えようとしていることにも似た、「建築の大気圏」を見えないものとして扱う心理作用である。

日本の伝統的な建具である障子やふすまは、引ききって開いた状態で建具の小口がきれいに揃い、視覚的にも性能的にも安定感がある。閉じている状態、開いている状態のどちらも正式であるような空間構成になっている和建築も多い。そしてどちらの状態も正式であるということは、障子を開いて庭を眺めるように、開くという行為による変化自体がデザインされているということでもあるといえるだろう（◈1-54）。ところが現代の引戸には、やはり開いた状態が落ち着かないものが増えている。取手に手をかけやすくしたり、指つめ（引戸を引いたときに取手にかかっている手指が挟まれる事故）を防いだりするため「引き残し」をつくることが一般化したためである。窓にはまっている引き違いのアルミサッシも、以前は二枚が重なるところまで引けたのだが、現在の製品は引き残した状態でストップするようになっているため、全開してもガラス枠が重ならず、見た目が落ち着かない。

超インテリアの思考で建具と向かい合おうとするとき、まず考えるべきはその建具が本当に必要なのかということだろう。少し家の中を移動するだけで何回も扉を開け閉めし、ものを取り出すときにも収納や家具の扉を開け閉めする。いったい、人が一日に扉を何十何百回と開閉するうちの何回が、本当に必要であったといえるのだろうか。扉の開閉は音も伴うし、あまりエレガントな動作でもないように思える。そのうえ建具の製作・設置は結構お金がかかるものなので、必然性のない扉はできるだけ設計段階でなくしてしまうべきである。

また建具を、開閉のどの状態であっても生活空間の一部を担えるような姿にしようとする

◆ 1-54　来迎寺　客殿（設計：山本想太郎、2013 年、千葉県）
重なり合うように見える玄関の引戸、客間のふすま、中庭の地窓の障子がそれぞれ開閉どのような状態であっても調和して見えるようにデザインされている

ことは、あらゆる事物を空間の要素として思考する超インテリア感覚を高めるためにも非常に有効であると考える。それが開き扉であっても引戸であっても、「正式ではない」状態をできるだけつくらないようなデザインの工夫はいくらでも可能である（◈1-55）。

さらに「開いても閉じてもいない状態」を意識した建具も示しておきたい。2DKの間取りであったマンション住戸を一体空間のように改修した《板橋のリノベーション》には、部屋を柔らかく仕切る仕掛けとして、35枚のさまざまな巾の引戸建具が室内に配置されている（◈1-56）。これらの引戸は住人が自由に位置を動かすことができ、部屋を仕切って2室に分けたり、収納をつくったりすることもできる。しかし全体を完全に仕切るだけの枚数はないので、必然的に住人は自分がどのようにこの空間を使うか考えて建具を配置せざるをえない。こうして日々の生活のなかで建具は動かされ続け、姿を変える。人とインテリアの対話を生むことを意図したデザインとなっている。

◆ 1-55　越後妻有清津倉庫美術館Soko（設計:山本想太郎、2015 年、2017 年、新潟県）
企画展示室の入口扉。90 度開くとすっぽりと壁にはまりこみ、看板パネルに見えるようになっている。この状態で丁番や取手は一切見えない。閉館時には閉じられる

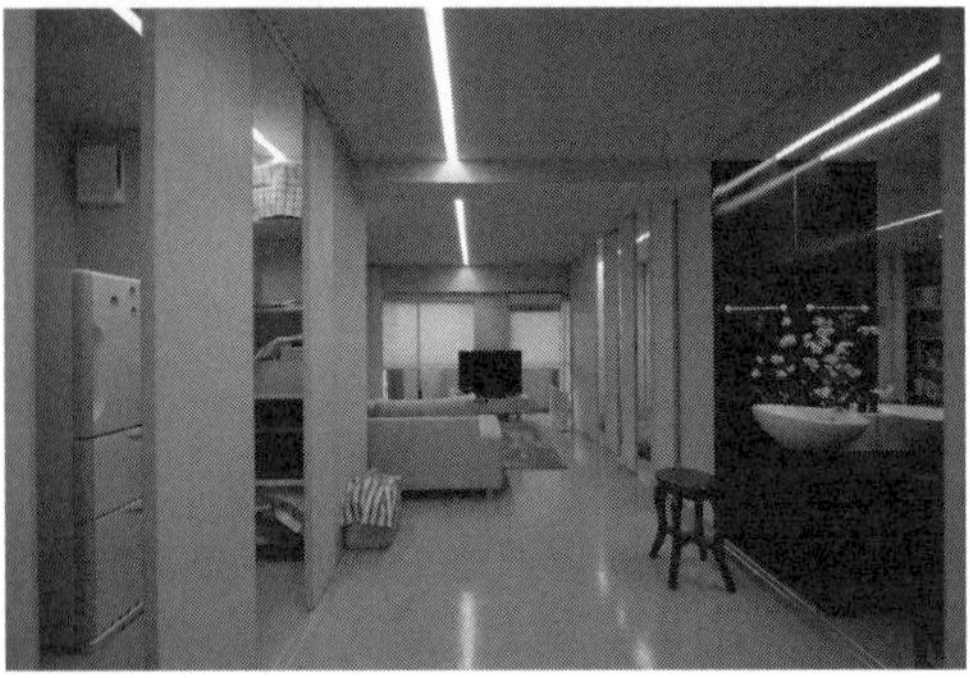

◆1-56　板橋のリノベーション（設計:山本想太郎、2005年、東京都）
35枚の建具を自由に配置できる。レール式の引戸なので外して違う列に移動することも容易。ピッタリと閉じてもかならず1cmの隙間が空くような形状となっているため、取手も必要ない

第二章

超インテリアとコト

❓1 リノベーションは新築の劣化版なのか

「リノベーション」は、日本では2000年代くらいから急速に一般化した言葉である。本来は改修工事全般を意味するプレーンな言葉なのだが、日本ではそれまで一般的であった「リフォーム」に比較される言葉として、「より積極的に建築や場の価値をつくりだすような改修」といったイメージで用いられる傾向がある。またオフィスをホテルに、学校を庁舎にといった、建築の使用目的（用途）の変更を伴う改修を示す「コンバージョン」という言葉も広く使われ始めている。

リノベーションはヨーロッパなどでは新築よりも普通であるほど一般的な工事なのだが、日本ではまだまだリノベーション文化は成熟していない（◈2−01）。日本の都市部にはそもそも100年を超えるような築年数の建物がきわめて少ないこともその理由のひとつだろう。しかし東京を例にとれば戦後70年以上大きく都市が壊れるような事件もなく、また経済規模も今後そんなに大きく拡大することは考えにくいなかで、いま日本社会ははじめて既存の建築ストックの活用や保存再生というテーマに本格的に直面している状況なのである。

◆2-01　オルセー美術館（リノベーション設計：ガエ・アウレンティ、1986年、フランス）
鉄道駅+ホテルであった建築をリノベーション（コンバージョン）して巨大な美術館としたもの。ヨーロッパではこのような主要な公共建築がリノベーションでつくられる事例も多い

建築ストック問題は近年にわかに話題となってきていることでもあるため、制度上の対応が未整備の部分も多い。特にリノベーションをしようとするとき、規模や内容によって程度はあるが、その建築が建てられた時点ではなく現在の法律に適合するように直さないといけないという「既存遡及」ルールはかなりハードルを高くしている。日本の建築関連法規は防災基準や構造基準がとても複雑で厳しく、法改正も頻繁であるため、建てられてしばらく経った既存建築はそのほとんどが現行法規に完全には適合しないものとなってしまう。それどころか詳細な資料が残っていない場合は適合しているかどうかの確認すら容易ではない。結果として現行基準への適合義務が、リノベーションでできることの範囲をきわめて限定的にしてしまっているのである。

もちろん頻繁な法改正は国民のためによかれと思ってなされている（と信じたい）のだが、その法改正が国民の財産である建築に「既存不適格建築物」（現在の法基準に適合していない建築物）というレッテルを貼り、その価値を低下させるものであることもたしかである。建てた瞬間から建築の価値はただ低下していくのみ、という日本における建築の資産イメージはこのような事情によるところも大きいといえるだろう。基本的には新築行為を想定してつくられている建築法規が大きく見直され、リノベーションを本格的に活性化することができれば、建築の価値に対するこのような社会の感覚も変わっていく可能性がある。

現状の話をすれば、日本におけるリノベーションの動機のほとんどは「いまのままでは問題があるのでなんとかしたいが、建築を建て替えるほどのお金がない」というものである。建築や景観に文化的価値や深い思い入れがあって、それを保存することが目的という場合もあるが、それはまれな事例と考えるべきであろう。残念ながら日本ではまだ、お金がないために生み出される「新築の劣化版」といわざるをえないようなリノベーション例が大半であるということになる。「まるで新築であるかのように見えるようにする」ことだけを追い求めるならば、既存建築というものを消去しようとしつつもその制約を受けざるをえないという点で、それは「新築の劣化版」の生産であるといえるだろう。

それに対して、「リノベーション」という言葉のイメージ通り、より積極的にその場の文脈に向かい合い、そこに新しい価値観を重ねて表現するような事例も増えてきており、それらはリノベーションならではの現代的な建築表現を生んでいる。なかでも近年注目を浴びたリノベーション建築・空間には、次のようなデザイン傾向を示すものが多く見受けられる。

①従来の建築計画のルールにとらわれず、一般的な生活者の自然な感覚を直接的に反映する。
②使われかたや仕上げのおさまりなどにおいて完成体としてきれいに整った状態を目指さず、荒っぽさを残す。仮設っぽさやＤＩＹの可能性、家具や物品の自由な配置などの不確定要素を許容する。
③既存の構造体や下地材、設備配管といった、仕上げの背後に隠されていた要素をあえてむき出しにして、空間表現に取り込む。
④前衛的で刺激の強いアート的な表現は抑え気味にして、穏やかな気持ちよさや楽しさを主調とする。

これらの特徴をもった建築表現は、もはや現代日本建築のひとつの「様式」として、「リノベーショナリズム」とでも命名してよいのではと思えるほど、数多く見られるようになってきている（◈2−02）。「リノベーショナリズム」は、専門的な建築のセオリーよりも「普通さ」の感覚が強く作用しているところを特徴とする様式である。あらかじめ存在し、見たり体験したりできる建築が対象となるため、ユーザーがイメージを主張しやすい状況で生み出されることや、工事費

◆2-02　武蔵境の住宅（設計：伊藤暁、2016年、東京都）
木造住宅の構造を露出させ、きれいに整えられていない荒々しさを表現としてまとめあげる典型的な「リノベーショナリズム」の事例

が安いためにいろいろな与条件をダイレクトに表現に反映せざるをえないことなどがその理由だろう。

「リノベーショナリズム」の誕生は現代建築表現の主流が「普通さ」へと向かう流れをよく示す現象ともいえるが、それゆえに「普通さ」の危うさも伴う。安易に「リノベーショナリズム」的特徴の生産が反復されることによって、その対象の本質的な個性ともいうべき、その場所にしかない文脈との対峙がなくなってしまい、結果として新しい価値を示す表現が生まれなくなってしまう危険性である。とりあえず天井や壁軀体をむきだしにして、お洒落な家具や仕上げ材を部分的に配置しただけの「いかにも」なリノベーション空間は、いまや街にあふれている。

この「普通さ」の罠に陥らないためには、

「リノベーショナリズム」がもつ「未完成さ」の許容を、単にルーズな仕上がりという安易な手法として模倣するのではなく、建築学、あるいは建築という制度の枷からの解放の可能性として、積極的に意識することが重要であると考える。

大学の建築学科では、住宅、学校、オフィス、美術館などの用途タイプ別、さらには居室、水回り、廊下、階段などの部位別に、それぞれ「このようなルールをふまえて設計しなさい」ということを教えられる。このような理論体系を「建築計画学」といい、もちろん建築法規もこの学問と連動している。しかし先述したように、その法律がリノベーションという行為と相容れないところも多い。そもそも「このように建築を計画するべき」というルールに則ってつくられた建築がちょっとした状況の変化で役にたたなくなってしまい、リノベーションしなくてはならなくなるのなら、はたしてその建築のつくりかたは正しかったのか、という不信感をもたれても仕方ないかもしれない。リノベーションが、建築計画学をはじめとした専門性に対する社会の「普通さ」の反撃であり、崩壊した建築学の残骸の上に新しい風景をつくろうとする行為である、という側面は否定できないだろう。

もちろん建築家も建築計画学者も、そのような問題意識はずっと抱き続けてきた。ここではそのひとつの先駆的な回答事例である《旧浪合村立　浪合学校》を紹介したい（◈2―03）。山深い地に根付いていた「村全体が村民すべての浪合学校」という考えを具現化するように

◆2-03　旧浪合村立　浪合学校（設計：湯澤建築設計研究所、建築計画：長澤悟、1988年、長野県）小学校、中学校、保育園、集会所が建ち並び、空中廊下でつながるだけでなく、教育システム（教員）や施設空間も共有。さまざまな形態要素に分節された空間構成も、集落的な曖昧さを感じさせる。
〈中段〉広いオープンスペースに接続するように開かれた教室。内部では全体的に空間の分節が緩やかである。

〈下段〉小中学校と保育園が共用する食堂は、隣接する音楽室（写真奥）と一体となっており、舞台のあるホールのような使いかたも可能。地域住民にも開かれている計画されたこの建物は、小学校と中学校、保育園、集会所が並存し、連動する施設としてつくられ、住民たちもそのつくりかた、使われかたに参画することが前提とされた。自治体合併に伴い、当初とは異なった使われかたになっているところもあるが、オープンスペースにつながった開かれたクラスルームの小学校、走ってもいい廊下、全児童共用の食堂と音楽室を連続させた集会スペースなど、その構成やルールの「緩さ」が今も特異な空間環境を与え続けている。そしてこの空間が外部にも拡がっていくように、集落全体に文化的な気配がもたらされている。

これはまさに建築計画学が積極的に「未完成さ」をとりこんだような事例だが、建築・空間が長く愛され使い続けられるためには、多くの時間と物事に寄り添える「未完成さ」の要素がいくばくかは必要なのではないか、とも考えさせられる。空間の未完成さは必然的に、「建築の大気圏」との親和性をもつ。そしてもしも多様で変化し続ける「建築の大気圏」と真摯に向かい合えるならば、リノベーションと建築計画学は同じ精神をもつはずである。

2 なぜ古い建物には抗いがたい魅力があるのか
——「ノスタルジー」の源泉

本格的な古建築のお寺や神社にかぎった話ではなく、古い民家、さらには廃墟まで、時が刻みこまれた建築やその痕跡には、えもいわれぬ魅力がある。私自身もいとも簡単にそれらに惹きつけられてしまいがちなのだが、そのように心が動くたびに、建築デザイナーとして一抹の不安も抱くことになる。時間の蓄積などという人の意図を超越したようなものを、建築や空間の本質的魅力として認めてしまってよいのか、それはデザインという行為の無力さを意味しているものではないのか、という不安である。

故郷や過去の残像に惹きつけられつつ、少し切なくなるような、複雑な感情の叙述によく用いられる言葉として、「ノスタルジー」がある。一般に、建築はノスタルジーの依り代として扱われやすい。建築がかなり長い時間にわたってある場所に姿をとどめる存在であること、その時間のなかで人々や社会の営みを内包し続けるものであること、そしてそれらの結果として、多くの痕跡や破壊をその身に刻んでいくことなどが、人の心情に作用するのだろう。このように建築が時の深まりとともに感覚されるものであることは間違いないにもかかわらず、私がノスタルジーを建築表現と相容れないもののように考えてしまったのは、やはり「建築」と「建築の大気圏」を分離する意識に起因することのように思われる。実はノスタルジーの依り代となっているものの多くは「建築の大気圏」側にある事象であり、ゆえにノスタルジーも建築という表現行為の少し外側で起こっている心理現象である、と考えようとしてしまっていたのではないか。

◆2−04　国立駅旧駅舎（復元設計施工：竹中工務店、復元竣工：2020年、国立市指定有形文化財、東京都）
1926年に建てられた木造駅舎（設計：河野傳）の建て替えにあたり、市民からの要望を受けて保存や曳家なども検討されたが、最終的には旧建物を解体し、その部材を用いて新駅舎の前に復元するという方法がとられた。正面外壁に設置されていた「国立駅」という大きな看板は、さすがに紛らわしい（駅の入口ではない）ためか復元されていない

近頃はリノベーション設計の機会が急増して、必然的に建築のノスタルジーと向き合わざるをえないことも多くなった。少し前にはそれ自体が「建築の大気圏」にあったともいえるリノベーションが建築行為として認識されてきたことで、それまで設計者には手が届かなかったノスタルジーを建築表現のなかで扱うことができるようになったともいえるだろう。前項で論じた「リノベーショナリズム」もかなり積極的にノスタルジーを取り込んでいるのだが、それがまだ比較的目新しいデザイン要素として機能することもあって、ややもすると安直な古民家カフェのようなものを量産してしまう危うさがある。これから日本でリノベーションが表現文化としての地位を確立していくためには、より多様な表現性をもった「新しいノスタルジー」を提示していかなくてはならないだろう。

2020年から2021年にかけて、東京都内の鉄道駅舎が次々と改築された。東京の風景や空間体験を担ってきたそれらの駅の「整備事業」に対しては、反対を含めいろいろな社会的反応があり、話題ともなった。そのひとつ、JR国立駅では市民の保存要望になん

◈2-05 〈右〉《東京駅》の大ドーム（保存・復元設計：東京駅丸の内駅舎保存・復原設計共同企業体、復元竣工：2012年、東京都）
1945年の空襲被災ののち応急改築された形で約60年使われてきた駅舎を、1914年の竣工当時の姿（設計：辰野金吾）に復元。この大ドームは完全に失われていたが、現代の建材と技術で復元された。国の重要文化財にも指定されているが、これは何年につくられた建築というべきなのだろうか
〈左〉復元された《東京駅》では、現在の耐震基準に適合させるため、建築全体の基礎部分に免震装置が設置された。地面が揺れても建物が揺れないという動きの違いを吸収するため、建築外周にはこのようなエキスパンション（緩衝帯）が設けられている

とか応えようと、この地のランドマークでもあった三角屋根の木造駅舎を一度解体し、新しい駅舎の前に復元するというプロジェクトが実施された（◈2-04）。ガラス張りの新駅舎の目の前に復元新築されたきれいな旧駅舎が建つ風景に対面してみて、私は2012年に復元された東京駅を見たときと同様の感情を覚えた（◈2-05）。文化財にも指定されている両建物の復元・保存が文化的意義の高い成果であることは十分に理解できつつも、それらは博物館の展示物のようであり、私の心にノスタルジーを喚起するものではなかったのである。

このことは「過去」の保存が必ずしもノスタルジーを生みだすわけではないことを示しているが、その現象は私たちの時間に対する認識と関係しているようにも思える。ノスタルジーは時間の認識なくしては成立しえないものだが、

私たちは「現在」を起点としてしか時間を認識することができない。つまり、ノスタルジーを喚起するものは「過去そのもの」ではなく、「現在に内在し、現在を構成している過去」なのではないだろうか。実際には生活したことのない里山と茅葺き屋根といった風景、自身が生まれてもいない時代の物品、さらには機能や形状を喪失した廃墟などにもノスタルジーを覚えることがあるのは、過去が失われたことの証明物として現在を批評（あるいは否定）するという形で、それらが「現在」という認識と強く関係しているからではないか。

復元された二つの駅舎は、そこに流れていた時間から切り離され、「現在」とは直接結びついていない「過去そのもの」の断片として保存されている。戦災で壊れ、シンプルな屋根を冠していた東京駅の60年、駅舎として使われていた国立駅旧駅舎の80年という時間は、現状の建築とは連続していない。それは「建築の大気圏」の喪失である。現在の耐震基準に対応して新東京駅に免震装置を設置したことによってできたエキスパンション（緩衝帯）、国立駅の背後にそびえる現代的な新駅舎といった、その保存を保障するための大仕掛けが視認できてしまうことも、その不連続性を強調している。そのため私はそれらの姿から時の蓄積を感覚できず、ノスタルジーも発現しなかったのだと思われる。

ノスタルジーが、「過去そのもの」ではなく「現在に内在する過去」によって喚起されるものならば、それは、消失してしまったものに帰還しようとする空虚で閉じた情動ではなく、

◆ 2-06　テラス沼田（設計:プランツアソシエイツ、改修竣工：2019 年、群馬県）
元は 1993 年につくられた大型店舗ビルであり、街並みのなかでもその大きさが際立っている。市庁舎を中心とした複合ビルへの減築リノベーションで、外観も新築のように様変わりしたが、実は既存外壁が半分以上残されている。上写真右端は駐車場棟へのブリッジ。1-2 階の「まちの広場」（下段右）は、既存建物の床と外壁を撤去してつくられた、インフラ感のある半外部空間。ほとんどの来庁者は駐車場からブリッジで 3 階の市役所（下段左）に直接入るため、接地階とはいえ上から降りてくるアプローチが主となる。エレベーターでの上下移動による場面転換は印象深い

「現在」を構築し続ける旅ともなりうるものだろう。そしてその旅には、建築に流れる時間と建築表現との新しい関係性を生みだす可能性も秘められているのではないか。

そのような可能性を感じさせる建築の例として、《テラス沼田》を挙げたい（◈2-06）。大型の商業ビルが市庁舎を中心とした複合ビルにリノベーションされた、一見すると新築のようにきれいに仕上げられた建築であるにもかかわらず、私はそこに、古い建物や廃墟に対するような、ノスタルジーにも似た情感を覚えたのである。

リノベーションであるため当然たくさん残されている既存建築の痕跡が、ここではあまり特別なものとしては見えてこない。半分以上が残された既存外壁も、吹き抜けを横断する鉄骨も、穏やかに新しいデザインに組み込まれている。特に印象に残ったのは1、2階にある「まちの広場」で、ピロティと言うには屋内的、アトリウムと言うには裏方的な、あまり見たことのない半外部のパブリック・スペースとなっているのだが、不思議なことにこのきわめて特殊な大空間の存在があまり不自然には感じられないのである。元々この建築へのメイン・アプローチは道路を挟んで建つ駐車場棟や図書館棟とつながるブリッジであり、そのブリッジより下の1、2階は動線的にも地下のような空間というイメージが強かった。この場にすでにあったその都市空間構造が、2階以下の床や外壁の多くを取り払うという形できわめて率直にデザインに反映された結果、このパブリック・スペースの不思議に自然な存在感が生まれたのである。

このように《テラス沼田》における過去の痕跡は、あたかも建築に対する地形のように、デザインのなかで肯定も否定もされていない。積極的な対比も隠蔽もされていない。ただ繊細な違和感として「現在」の構成に内在させられている。このような「現在に内在する過去」によって、この建築は、懐古的ノスタルジーを超えた、独自のノスタルジー表現を生みだしている。

以上のようなノスタルジーの考察は、「建築」と「建築の大気圏」の両方を視界にいれた超インテリアのデザインに示唆を与えるものだろう。異なった文脈によってその場に居合わせた存在同士を無理やり関係させてデザインしようとする行為は、ひとつ間違えれば通俗の沼に陥りかねない。ただ「建築の大気圏」が生みだし続ける痕跡に真摯に向かい合い、その状況全体のぼんやりした姿の上をなぞって、ひとつの新しい輪郭線を描きだす。それが超インテリアにおけるデザインなのではないだろうか。

? 3 インテリアはその場所で完結するものなのか

インテリアはその空間の使用目的に沿って、さまざまな機能的要求を解決するようにつく

◆2-07　辰巳アパートメントハウス（設計：伊藤博之、2016年、東京都）
都心に近い駅のそばに建つ単身者向けの賃貸集合住宅。家具のようにコンパクトなキッチンが、居室スペースの一角に設置されている

られる。この機能的要求はそもそもの前提条件なので通常は動かしがたいものなのだが、超インテリアの思考では当然、この前提条件という「大気圏」もデザインの対象となる。そのときにまず考えなくてはいけないのは、余計な機能までつくろうとしてしまっていないか、ということである。たとえば都心にある単身者用マンションの住戸では、キッチンはほとんどお湯を沸かすぐらいにしか使われていないという事例も多い。そのようなニーズに対して、立派なシステムキッチンなどは部屋を狭くする邪魔者でしかないだろう（◆2-07）。一歩外に出ればさまざまな飲食店があり、勉強や読書をするならカフェのほうが集中できるし、平日も休日も結局一日の大半を家以外の空間で過ごすというような都市生活者は、実は「家に住んでいる」というよりも「都市に住んでいる」という感覚の

ほうが強く、住居に求める機能も相応に限定的なのである。

また新型コロナウイルス（COVID-19）感染症の大流行による行動制限期（2020〜2022年）には会社員が在宅で仕事をするという機会が急増したのだが、これはおそらく働きかたの選択肢として今後もある程度は定着していきそうな様子である。かねてよりSOHO（ソーホー。Small Office / Home Office の略称。プライベートな住空間を兼ねた小規模なオフィス。または自宅とオフィスを兼ねるような働きかたのこと）というオフィス形態は話題になっていたが、それが自営業者だけでなく会社員にまで広がったようなものである。このような仕事のための空間の付加など、専用住宅から兼用住宅への変化の傾向については第一章でも論じた（P86参照）。

これらのように現在すでに、ある空間が担うべき機能を一般解的な建築類型にはめ込むことが不適切であることも多く、そのずれは今後より大きな振れ幅になっていくと考えられる。それはすなわち建築や都市との関わりかたという意味でのライフスタイルが多様化していくことを意味する。建築やインテリアにおける「未完成さ」の意味については先述したが、機能においてその場で完結しないということもまた、空間を必然的に「建築の大気圏」と結びつけるだろう（P126参照）。そこから生まれる、超インテリア的なライフスタイルの事例を以下に示したい。

◆ 2-08　犀の目文庫　Rhino（設計：山本想太郎、2018 年、山梨県）
化学物質の放散による書籍への悪影響にも配慮し、本棚はすべて無垢の杉材でつくられた。標高 1000 mの寒冷地、高湿地という厳しい気候条件において、無垢板の断熱性能と吸放湿性能が室内環境を安定させている

山中湖に近い緑豊かな地に建つリゾートマンションの住戸をリノベーションした《犀の目文庫 Rhino》は、すべての部屋が本棚のみで埋め尽くされているという、かなり割り切った空間構成の個人文庫である（◆2-08）。最小限の水回りは残されているが、元々の住戸の間取りから不必要な造作や建具などを取り払って、本を安全に収蔵し、読書をするための家具と設備だけをしっかり設えた単機能空間に変容させた。その結果、室内には布団を敷いて寝る余地すら残されていない。収蔵されているのは出版社に勤めていたオーナーが所有する哲学やアート関係を中心とした大量の本。つまりこの文庫は、個人の住居の書庫兼読書室部分だけを切りとって、山奥に移設したような空間なのである。

日本全国のリゾート地には古くなったリ

ゾートマンションの空き室が数多くあり、手頃な価格で流通している。もちろん本来は別荘、セカンドハウスとして想定されていたものだが、そのような使いかただと一年のうちの大半は結局空き室と同じことになってしまうのに対して、今回の場合は住人がいないあいだでも収蔵庫として常に機能している状態であるといえる。そしてその機能によって、これだけの量の蔵書が丸ごとなくなった埼玉県の本宅は、一気に広々とした住空間を獲得することとなった。ゆったりくつろげる本宅と緑の中の読書スペースを行き来するというライフスタイルにおいて、この文庫は「セカンドハウス」ではなく、住居の一部が飛び地となった「離れ」のようなものである。もっとも、このイメージは地点間の移動の負荷をどう感じるかによるところが大きい。この事例では現時点でもそこまで時間や労力がかかるわけではないが、いずれ自動運転車が普及したならば、日本全国の空き家はこのように使われることで機能し始めるのではないか。

個人の蔵書というものは、ある時代、状況における文化を証言するアーカイブそのものであるが、相当な著名人であったとしても本人の死後には散逸してしまうことがほとんどである。本にかぎらず、特に世俗にある意識や思考のディテールはモノの保管の困難さから失われてしまう部分も多い。このような形で空き家が機能し、それらが保存される可能性が生まれることの文化的意義は小さくないだろう。

スモールコミュニティのもつ可能性にも注目したい。「スモールコミュニティ」とは文字通り「人が集まってつくられた小規模な共同体」であり、普通はある程度開かれた（参加したい人を受け容れる）コミュニティである。社会的な志や理念、趣味、芸術など、さまざまな目的での人々が集まる場を個人や有志の団体などが運営している事例が多い。アーティストたちが集まって制作活動をおこなう芸術村や、主として環境、パーマカルチャーといった理念で自給自足的な生活をするエコビレッジなどは世界中に存在する。もちろん現代ではインターネット上のコミュニティ空間もそのように機能しはじめている。匿名性、仮想性の高さゆえに現実空間とはまだ異質なものではあるが、今後は実社会との親和性の高いネットコミュニティも間違いなく増えていくだろう。

そしてそのようなネットコミュニティの普及の影響もあるように思えるが、近年の傾向として、現実世界のスモールコミュニティもかなり「緩さ」をもってきているように思われる（◈2−09）。ひとつのスモールコミュニティの空間や理念に生活が縛られることなく、場合によっては一般社会を含めた複数のコミュニティを、部屋を移動するように気軽に移動しながら生活するようなイメージである。そのとき個人の生活を収容するプライベート空間は社会のなかに離散的に存在することになるが、そのようなありかたを緩いスモールコミュニティが担保する。そしてそれらの空間を関連づけてひとつの環境と認識できるのは、あくまでその個人のみなのである。

◆2-09　くりもとミレニアムシティ（第一期）（設計：井口浩フィフス・ワールド・アーキテクツ、2003年、千葉県）
参加者はCOYAと呼ばれる小さな小屋のオーナーとなるが、必ずしもここに住む必要はなく、気が向いたときにやって来てエコビレッジの活動に参加する。不在時はこの小屋を来客に貸すことなどもできる。エコビレッジの試行版という位置づけもあって、ルールはかなり緩い

日本だけでなく世界中の民主主義国家では、自主的な民意の形成基盤となるべき家族や企業のような中間集団の弱体化が問題視されているが、それを補完するような、実社会に影響しうるほどの波及力と求心力をもった新たなコミュニティの創出は容易ではないだろう（P226参照）。しかし今後より進化するであろうネットコミュニティも含め、理念的にも空間的にも緩く開いた「不完全さ」をもったスモールコミュニティの集積が、全体として社会システムの一部になっていく可能性は十分にある。そしてそれらを収容する空間にも、既存の形式から解放された自由な形が与えられるべきだろう。

4 《中銀カプセルタワービル》はなぜ解体されたのか
——都市の端末としてのインテリア

現代の大都市には電力を供給する送電線、電話や光ファイバーなどの通信網、上下水道、都市ガスといったインフラ（基盤設備）がくまなく張り巡らされているのだが、ただ街を歩いているだけでは、私たちは直接そのサービスを受けとることができない。そこで必要となるのが、その取り出し口となる建築なのである。

前項ではこれからインテリアが内包する機能がより自由に、多様になっていく可能性について話したが、とはいえ人間が活動する空間であるかぎり最低限の照明やトイレなどといった基本的な必要設備はあり、それらの端末機能がインテリア空間から消え去ることは通常ない。つまり現代の建築において、ほとんどのインテリアは原理的にひとつの建築では完結していないことになる。しかしそれを生真面目に意識してしまうと、思考は際限なく拡散していってしまう。超インテリアの思考はひとつの空間に制約されないが、その外部にあるなにとつながるかもまた自由であり、ゆえに独自性をもちうるのである。「端末」建築の事例から、それを考えてみたい。

《中銀カプセルタワービル》は、「建築＝都市インフラの端末」という図式をつきつめ、そのまま具現化したような建築である（◆2―10）。わずか10㎡の空間にベッド、AV機器、流し、浴室、トイレといった「端末」をすべて一体化して詰め込んだカプセルが、タワー状に積み上げられて集合住宅を形成する。この小さな住戸カプセルはオフィスまたはセカンドハウスとして構想されたものであるため、食事は外で、洗濯はコンシェルジュに依頼、ということが前提となっている。まさに先進的な「都市に開いたライフスタイル」の提案であった。なぜ「カプセル」なのかというと、この建築が１９６０年代から日本で巻き起こっていた「メタボリズム（新陳代謝）」という名の建築運動の思想を反映したものであり、その理念である成長・新陳代謝する未来都市像を象徴する提案が、交換可能なカプセル型の住戸ユニットだったからである。

　私は以前、全世界にあるあらゆる時代の建築のなかから、ベスト50を選定して図解するという本の日本語版監修を務めたことがあるのだが、そのベスト50のなかで日本から選ばれた建築は《金閣寺》と《中銀カプセルタワービル》の二つだけであった（▼2―01）。それほどの世界的有名建築であるにもかかわらず、残念ながらこの建築は２０２２年に解体されてしまった。最大の理由は、老朽化した設備や建築部分を更新することが事実上不可能な造りであったためである。しかしその事実をもってして、この建築が表明した「メタボリズム」の理念が意味のない虚構であったとはいえないだろう。設計した黒川紀章は、たとえそれがそ

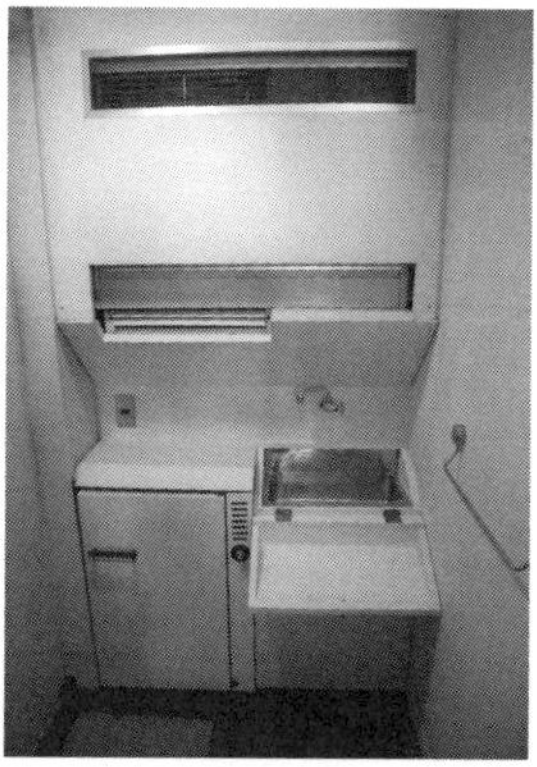

◆2–10　中銀カプセルタワービル（設計：黒川紀章、1972年、解体：2022年、東京都）
〈右上〉キッチン、冷蔵庫、エアコンが一体となった造作。〈右中〉徹底してコンパクトにつくられているユニットバス。曲線的なデザインが狭い空間のストレスを減じている。プラスチック製のユニットバスはこの建物がはじめてではなく、1964年の東京オリンピックに合わせて建てられたホテルニューオータニで開発されたものが世界初とされている。〈右下〉ベッドにかぶさるように設置された電話やAV機器。後にカプセルホテルでよく見ることになる配置

の時点における社会制度や技術では解ききれないビジョンであったとしても、建築の姿をした予言として示そうとしたのであり、それゆえ未解決のままの技術要素を建築の中に隠しもつことも許容したと考えられる。これはロジカルで戦略的な手法ではあったが、その「すべてを解ききらなくてもよい」という姿勢は、実は「普通さ」の感覚に通底するものでもあり、その危うげな楽観こそがこの建築の魅力であったようにも思えるのである。

日本ではスマートフォンをはじめとした無線通信環境の普及がほぼ達成されつつあることによって、端末装置としての建築・インテリア像も大きく変わろうとしている。電話線だけでなく通信線すら引き込む必要がないという人、洗濯はすべてネット予約式のコインランドリーでおこなうという人、宅配便はコンビニエンスストアで受け取るという人も増えている。郵便配送先となる家の「住所」も実は重要な端末機能であり、公共の郵便物がそこに届くということによって個人のIDが認証されるという仕組みもあるのだが、そのID機能もすでにスマートフォンとICチップが代替しつつある。

これらもまた建築やインテリアを機能的な枷から解放してくれる可能性に満ちているのだが、そこには条件もある。その自由さの一方で、エネルギー供給はもちろん、交通網や通信網など、さまざまな都市インフラをより高性能で安定したものとしなくてはならないことである。携帯通信システムの停止事故によって、日常生活がままならないほど身動きがとれな

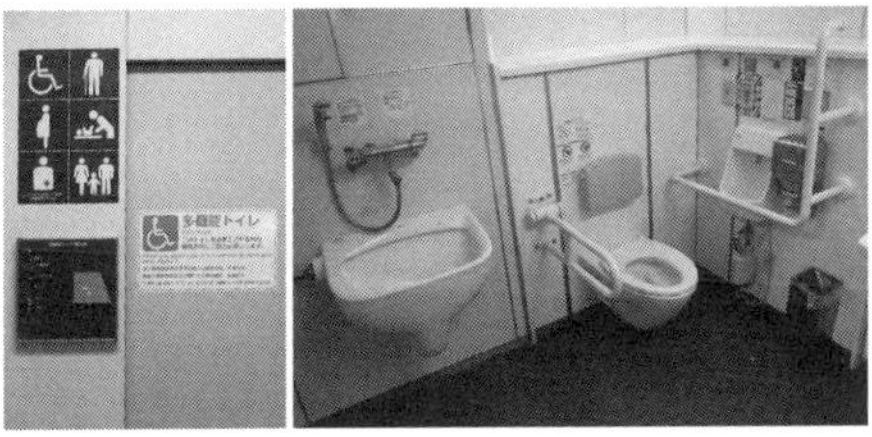

◆2−11　鉄道駅などにある「多機能トイレ」も都市インフラが負うべきものが増大していく様子をよく示している。「身障者用トイレ」→「ユニバーサルトイレ」→「多目的トイレ」→「だれでもトイレ」→「多機能トイレ」と概念や機能が拡張するたびに名称も変わってきた。都市インフラの増強は個人の生活空間が都市に拡散していく可能性の広がりでもある

くなるという体験も、短時間ではあるが私たちはすでに何度か経験している。都市インフラへの依存度が上がるということは、外部にあるそのブラックボックスが、より複雑で巨大に膨張していくことを意味する。これは「建築」ではデザインに包含しにくかった「建築の大気圏」も取り込んでいこうとする超インテリアの考えとは相反するかのように思えるかもしれない。

　しかしそうではない。むしろ都市・社会インフラの進化は、室内やプライベート空間に縛られない超インテリアのための重要な基盤である（◆2−11）。たとえば地球環境問題も、個別の建築や地域の枠組みではなく、「大きなインフラ」観のなかでしか解決しえないものだろう。そしてインフラの仕組みのすべてを個人が理解する必要もない。すべてを理解しなくては判断できないという考えこそ超インテリアの思考に反する。そもそも「建築の大気圏」の多種多様な文脈はひとつの像を結ぶような秩序をもちえないが、それらを論理的に解ききらずとも、部分へのある程度の理解の重なりが描くぼんやりとした輪郭から、ビジョンを導くことは可能である。「上手く説明できないけど、たぶんこれでいい」を「普通さ」は許容する。

もちろん繰り返し述べている「普通さ」における視野の狭まりには注意が必要なのだが、幸い、述べてきたような都市インフラの大きな変革はいままさに過渡期である。次々と現れる新しい仕組みやサービスに接するとき、それをできる範囲で理解し、自分なりの判断でリアクションするように心がければいいだろう。そして超インテリアは、その変化とリアクションのスピードに追随することが可能である。《中銀カプセルタワービル》のような大きな建築を壊し、建て替えることは大変なコストとエネルギー負荷を伴う行為だが、インテリアづくりはより低リスク、低コスト、そして高速で「予言」を実現できるのだから。

5 タテとヨコ、どちらから空間をイメージするか

建築やインテリアとして体験されるものはあくまで目の前に存在している空間やモノであり、通常、それがどのような思考プロセスでつくられたのかということは意識されないだろう。しかしいうまでもなく、空間を構想した方法というものは非常に大きく結果に影響する。たとえば、デザイン検討に用いた模型材料は結果としてできる空間形状に影響している。それが板状の模型用ボードであれば薄い壁を組み合わせて構成された空間、発泡スチロールのかたまりを切って検討すれば積み木を積み上げたような空間、粘土ならばより重厚で有機的

な空間、そして三次元ＣＧであっても使用するアプリケーションの特徴が反映された空間が構想されやすい。

さらに遡って構想の初期段階、建築や空間の姿を考えはじめる時から、実は大きな選択がなされている。インテリアを検討するとき、間取り図のようなものを念頭において考え始める人は多いだろう。あるいは写真集などでみつけた立体的な空間のイメージや、壁面の装飾など、立面図的な視点から始める人もまた多いだろう。建築の場合は圧倒的に平面図から入ることが多く、大学の授業で建築設計の課題が出されると、学生はまず平面図をスケッチしながら案をつくりはじめる（ように教育されている）。それはなぜなのか。ここでは、建築・空間をタテ（立面図）から考えるか、ヨコ（平面図）から考えるか、という構想の方法論の西洋と東洋の建築史における違い、そしてその違いが実際どのような空間の違いとなってたち現れるのかを見てみたい。

建築をどのように考えてつくるか、という方法論は古くよりまとめられ、残されている。「建築論」とも呼ばれるものである。そのなかでも、ローマ時代の建築家ウィトルウィウスによって著された『建築について』は世界最古の建築論といわれ、後世の西洋建築に絶大な影響を与えている（▼2－02）。この本では建築の技術だけでなく、それをつくる理念にも言及されており、「よい建築は、堅固さ、快適さ、快という三つの条件によって成り立つ」、

「神殿建築は人体と同様に調和したものであるべきである」といった言葉などがよく知られている。ここで注目すべきは建築形態の美というものを、機能と同等かそれ以上に重視していることである。そのような理念にもとづいて構想された古典様式建築を見てみると、その構想が正面の壁面のデザイン、すなわち立面図から始められたことがよくわかる。最も初期の古典石造建築では大きな内部空間をつくることが難しかったため平面的な自由度が小さかったこと、後世に残るような権威ある建築は外部から見られることをデザインの主眼にしていたことなども理由として考えられるが、その根底にあるのは、建築の存在意義とその形態の芸術性を不可分のものとする思想であろう。

後世、この古典様式の再生が標榜されたルネサンス時代の後期に、最初の職業建築家ともいわれるアンドレーア・パッラーディオが登場する。もちろん古代エジプトやギリシア時代から建築を設計する建築家は存在したのだが、彼らにとって建築はいろいろな学問や仕事にたずさわるうちの一分野にすぎなかった。そうではなく建築の設計だけを専門的に生業としたのはパッラーディオが最初であった、とされているようである。

彼が設計した《ヴィラ・アルメリコ・カプラ（ラ・ロトンダ）》は、建築の四面に古典建築の正面壁が等価に配置されるというとても奇妙な建築である（◈2−12）。この意表をつくデザインの起点となっているのは、正方形と円によって構成された純粋幾何学的な平面図だろう。この明瞭な平面形態は、パッラーディオが平面図から建築を構想したことを示している。《ラ・ロトンダ》は古典建築の立面デザインを用いながらも、建築論における平面への着目という転換を鮮やかに示しており、それはすなわち「権威」から「デザイン・計画」へと向かう、建築表現の近代化の微かな兆候であったともいえるだろう。しかしその一方で、たとえ権威という後ろ盾を失ったとしても、建築における形態美の追求は普遍的な責務であるという意志も明確に表現されていることは見逃してはならない。幾何学的な平面によって、かえって形態への執着が際立たせられているという見かたもまた、間違いではないだろう。

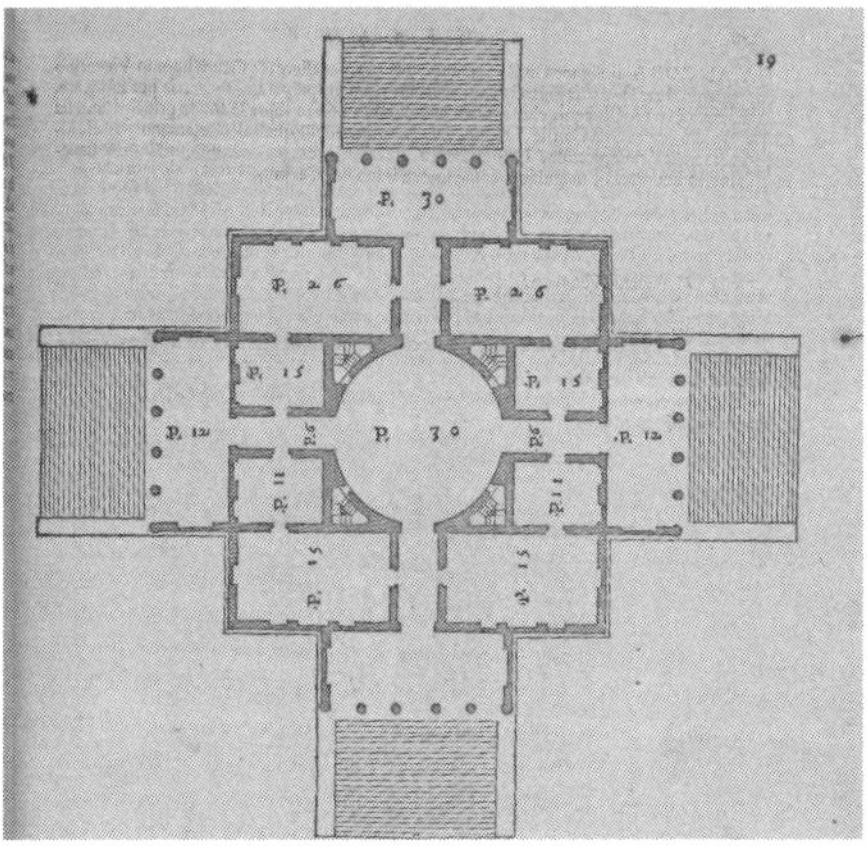

◆ 2-12　ヴィラ・アルメリコ・カプラ（ラ・ロトンダ）（設計：アンドレーア・パッラーディオ、1591 年、イタリア）
上下左右に対称形のシンプルな平面図だが、建築形態は古典要素による複雑な構成

◆2-13 法隆寺西院（607年［伝］、奈良県）

東洋の建築理論はどうだろうか。中華圏の建築計画が現代でも風水や陰陽五行説をかなり意識していることはよく知られている。そこで重視されるのは方位や位置関係、すなわちモノの配置方法である。このように、立面から建築を発想する西洋の考えかたとは対照的に、東洋では古くから平面的な計画が重視される傾向があった。

その大陸からの輸入文化である日本の寺院建築を見てみよう。私は日本の古建築の見学に行ったときに、どれも同じような形の建築ばかりに思えるなどと感想を言っては、日本建築の先生にたしなめられるのだが、京都や奈良を巡って撮ってきた写真を見返して、どれがどれやらわからなくなってしまったというような経験は、皆さんにもあるのではないだろうか。

それらの古刹も、伽藍配置の平面図を見ればはっきりと区別がつく。《法隆寺西院》（◆2-13）では五重塔と金堂が左右に並びその奥に大講堂があるのに対して、《薬師寺》では左右対称に並んだ東塔、西塔の中心軸に金堂・講堂が並び、《四天王寺》では五重塔、金堂、講堂が直列に並んでいる。個々の建物の形態の類似具合に比べて、配

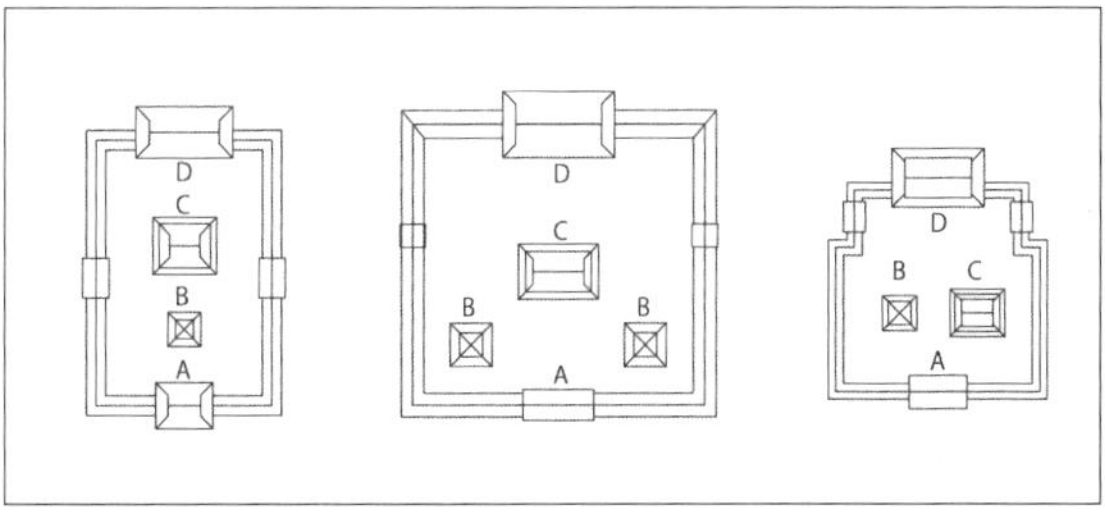

◆2―14　日本の古寺の伽藍配置
右より《法隆寺西院》、《薬師寺》（680年、奈良県）、《四天王寺》（593年、大阪府）
A 中門　B 塔　C 金堂　D 講堂

置計画では明確に特徴を打ち出そうとしているのである（◈2―14）。

カンボジアにある《アンコール・ワット》（◈2―15）はきわめて印象的な外観の巨大建築なのだが、その平面図は驚くほど整然とした幾何学にもとづいており、まるで曼荼羅図のような美しいパターンを描いている。これを見ると、あの特異で印象的な形態が、実はこの平面図を石積みでせり上げていった結果としてできたものであり、

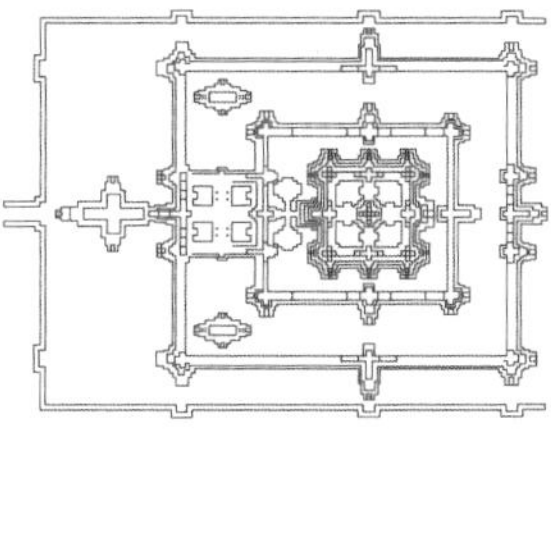

◆2―15　アンコール・ワット（12世紀、カンボジア）
平面図の美しい幾何学は、この壮大な建築が平面から構想されたことを物語る

けっして外観から構想されたものではないということがよくわかる。
これらの事例は、東洋における建築が、建物の立体的な形態よりも平面的な配置を基点として構想されてきたことを示しているといえるだろう。先述した「建築計画学」という学問は実は日本で確立されたものなのだが、そのことにはこの建築形態と平面計画を切り分けて思考できる東洋の伝統が影響していると考えることもできるのではないか（P126参照）。

西洋と東洋の建築の違いは、石造文化と木造文化の違いであるとよく言われている。この違いの理由は、材料となる資源の量、気候、地震の有無、地形条件（石は平坦な地形でないと運ぶのが大変）などの風土的な条件、そして社会情勢や建築に対する意識の違いなどなど、多岐にわたる。またもちろん西洋でも最も多くつくられてきた建築は石造ではなく木造建築なのだが、教会をはじめとした権威あるモニュメントが石やレンガによる組積造でつくられ、その耐久性と文化的重要度により長く残って後世に伝えられた結果、その文化を代表する建築として認識されているということもある。

この「残る」ということが、建築文化の形成にとってはきわめて重要なことなのである。書物の印刷にはじまる情報技術が普及する以前の時代には、ある時代、ある地域の社会や文化を後世に伝える主要なメディアは建築であったのだから。そして西洋と東洋では、この、建築の「残りかた」が違うのである。

建築は壊れる。人類はつくった建築の数とほぼ同じだけ、それが壊れる瞬間にも立ち会ってきた。組積造建築が数多く残る西洋においても、その多くは壊れたものが直されたり、それ以上壊れないように保存されたりして現在に継承されている。《パルテノン神殿》の遺構をみてもわかるように、組積造建築の一番の弱点は屋根である（◈2-16）。石積みで頑強な壁や柱はつくれても、自重の重い材料を横向きに掛け渡すのはなかなか難しい。そのため劣化により屋根が崩れ落ちたり、屋根だけは木造でつくったところ火事で焼失してしまったり

◇2-16　パルテノン神殿（BC442-432年頃、ギリシャ）
石造建築の遺構の典型的な状態。壁・柱が残り、木造であった屋根は失われている。復元された姿はP93 ◈1-34参照

◆2-17　セルシウス図書館（117年、トルコ）
トルコ西部の古代都市エフェソスの図書館。当時の世界三大図書館のひとつ。正面壁の部分のみが遺跡として残っている

といったことが起こりがちなのである。かくして西洋では、組積造建築が壊れ、その外皮の立面だけが残っているような遺構が多く見られることになる（◆2-17）。

では東洋の木造建築はどのような壊れかた（残りかた）をするのか。2011年、東日本大震災による津波の被災地で私たちが見たものは、荒野のように建築が消失した街に、まるで平面図のように残っているコンクリートの基礎であった（◆2-18）。このように残された基礎、礎石が失われた建物を暗示しているさまは、発掘された古建築の遺構にも似ている。地震・台風・水害・大火事などの災害で建築が破壊されることが繰り返されてきた木造文化圏において、この光景は典型的な建築の終末形であるともいえるだろう。

西洋でも東洋でも、これらのような建築の終末形は数千年の建築の歴史において繰り返し目撃されてきたものである。いつの時代も人は建築に、その身を守ってくれる確かな存在であることを期待している。だからこそその確かさが失われた終末の風景からは、心に強い衝撃を受けたはずである。そしてそのと

◆2-18　東日本大震災による被災地（宮城県東松山市）　そこに家が建っていたことを示すように、建築の基礎のみが残っている

き、最後に残されたものを見てなにを思っただろうか。その最後まで残っているものにこそ、普遍的な確かさ、つまり建築の「本質」があると思ったのではないだろうか。

だから西洋の建築観は平面ではなく立面（タテ）をイメージの中心とするようになり、最も視覚的に人と向き合う正面壁を中心と考えるからこそ、形態の芸術性が建築論と不可分となったのではないか。その一方で東洋の建築観は平面（ヨコ）を中心とするようになり、立体形態と平面計画を切り離して考えるようになったのではないか。もちろんそれだけが理由とは言わないが、建築の壊れかた、残りかたがそれぞれの建築文化の形成に大きく影響したと考えることに無理はないだろう。

建築や空間をどのような角度から構想しはじめるかということは、その文化を変えてしまうといえるほど、結果として立ち現れるものへの影響が大きい。インテリアをイメージするときにも、時にあえて壁面・立体から考える、あえて平面から考える、などと構想への入りかたを意識してみてはどうだろうか。

❓6 「空気」をどのようにデザインするか

①空気と温度

この項では比喩ではなく「建築の大気圏」そのものといえる、室内の空気環境について考えてみたい。まずは温度について。

現代建築の室内の温熱環境は最終的にはエアコンやファンヒーターなどの冷暖房機器によって調節されているが、それ以前に、建築本体の仕様によって大きく左右されている。実は人が室内で体感する暑さ寒さには、気温だけではなく、壁や天井などの表面温度が電磁波として伝わる「輻射熱《ふくしゃねつ》」も大きく作用している。床暖房は実際に接触している足が感じる暖かさだけでなく、この輻射熱によっても身体を暖めてくれているのである。そういったことを考慮しても、やはり快適な室内温熱環境の第一歩は「断熱」であるといえるだろう。

「断熱」とは、空間の内外で熱の出入りが少なくなるようにする建築の仕様であり、屋根・壁・床などに設置される断熱材、窓などの開口部に用いられる断熱サッシや断熱ガラス、そして換気によって熱が外部に排出されてしまわないようにする熱交換換気設備などによって

◆2-19　山形エコハウス（設計：羽田設計事務所、設備設計：Arup Japan、アドバイザー：東北芸術工科大学+KEY ARCHITECTS、2010年、山形県）山形県が環境省の補助を受け、東北芸術工科大学と連携して建設したモデルハウス。一見すると普通の空間だが、少し滞在しただけでその温熱性能が優れていることを明確に実感できる

実現される。もし寒い日に暖房を使っているにもかかわらず、外部に面した壁を触るとひんやりと冷たく感じるようなら、その壁は断熱性能が低いものである可能性が高い。省エネルギーへの配慮がもはや必然ともいえる現代の建築において、まったく断熱を配慮していない住空間がつくられることはあまりないだろう。またヒートショック（住宅内の空間の温度差による身体への負荷とそれを原因とした健康被害）だけでなく日常的な健康配慮としても、建築内の温度を安定させる断熱は重要である。しかしやればやっただけ性能が上がっていく断熱について、なにをもって適切、十分とするか、日本社会ではまだまだ経験や見識が足りていないように思われる。

《山形エコハウス》は、寒冷地である山形市において、一年を通じてエアコン一台で家中快適に過ごせるほどの高度な断熱仕様をもったモデルハウスである（◆2-19）。実際に行ってみると、家のなかで室温に対するストレスがまるでないことが、これほどまでに生活空間に自由な印象を与えるのかと思い知らされる。この建物では壁に20㎝、屋根に30㎝の厚さの断熱材を施し、窓には三重ガラスをはめた断熱サッシを用いているが、一般的な住宅の数倍にもなるこの断熱仕様を、大袈裟すぎると一概に言うことはできないと思わせるだけの説得力が、この空間の快適さにはあった。

日本でもやっと建築の省エネルギー基準が法整備されてきている。もちろんその動機は地球環境問題なのだが、それは実際には個別の建築や物品の性能だけで解決できるものではなく、先述したように大きなインフラ観のなかで、社会・文化的な問題として解決していかなくてはならないだろう。そういった意味でも、地球環境対策と言われてもなかなか実感はわかないかもしれない。しかしこのような基準ができることによって、それに対応するさまざまな建材や設備が登場してきていることは歓迎したい。

断熱性能はもちろんリノベーションによっても上げることができる。この「断熱リフォーム」に対しては国や自治体などによるさまざまな助成制度もある（2023年現在）。リノベーションに際して、いまひとつ実感・検証しにくい地球環境問題としてより、まずは明らかに実感できる自身の生活空間の環境問題として、快適さとコストのバランス・ポイントに配慮しながら、断熱性能を上げることを検討してみてはどうだろうか。おそらく思われている以上に、断熱が生活にもたらす影響は大きなものである。

②空気と化学物質

「シックハウス」という言葉からその危険性の情報が広まったこともあって、日本においては化学物質による健康被害の問題は、建築や建材と結びついたものとして認識されているところが大きい。1970年代、化学物質に反応した症状が世界的に多発し始めたとき、最初に問題となった物質が建材に含まれるホルムアルデヒド（HCHO）であったため、建築を対象としたHCHOに関する調査や基準・規制は最も進んでおり、日本においても2003年にシックハウス対策に関する法規制、いわゆるシックハウス法が施行されている（▼2-03）。

しかし有害性のある化学物質はもちろんHCHOだけでも、建築に起因するものだけでもない。そして日常的に接するさまざまな化学物質に反応して、頭痛や倦怠感、不眠など多岐にわたる症状があらわれる疾患のことを「化学物質過敏症（CS：Chemical Sensitivity）」あるいは「多種化学物質過敏症（MCS：Multiple Chemical Sensitivity）」と呼ぶ。原因となるものは建築以外にも日用品、合成洗剤、化粧品、芳香剤、消臭剤、殺菌・消毒剤、タバコの煙、防虫剤、食品添加物、水道水、農薬など無数にあり、それらに含まれ有害性が確認されている物質も年々増え続けている。どの原因物質に反応するか、どのような症状が出るかもさまざまであり、解明されていない点が多い病気である。欧州の国々やアメリカ合衆国、そしてWHO（世界保健機関）などでも継続的に調査と基準の制定・更新をおこなっているにもかかわらず、法的拘束力のある使用規制ではなくガイドラインの提示と情報公開（ラベリング）にとどまっているものが多いのは、本格的に規制すると経済活動への影響が多大であることと、病気のシステムの解明や患者数の実態把握がまだまだ十分に進んでいないことによる（▼2－04）。

化学物質過敏症の患者数についてはいくつかの調査結果が発表されているが、それらによれば日本では2012年に成人の4・4％が患者にほぼ近い「高感受性」と判定されており、アメリカ合衆国では2016年に成人の12・8％が「患者」とされている（▼2－05）。日本では2000年の調査と比べて約5・9倍、アメリカでは2006年の調査と比べて約3・3倍と、10年ほどで急激に患者数が増えていることがわかる。そして日常的に接する物に反応してしまうということは、ある程度症状が重くなった患者が社会生活に深刻な影響と制約を受けることになることも明らかである。つまりまだ社会的に十分には顕在化していないこの問題が、世界規模で大きな社会問題となり、建材だけでなく多くの物品が使用物質の規制を受けることになる日は、もう間近に迫っていると考えられるのである。

もちろん建材メーカーの開発者たちも、化学物質対策に関して大きな状況変化が起こりうることは意識しているはずである。2003年にシックハウス法が施行された際には、さまざまな建材のカタログからホルムアルデヒドを使用する建材があっという間に消えてしまったことに驚かされたが、そのくらい各企業は常に水面下で研究を進めている。また自然成分でつくられた塗料や断熱材など化学物質フリーの製品や、化学物質対策をうたった下地ボードや壁紙などもどんどん増えてきている。これも断熱と同様につきつめればきりのないことでもあるが、一日に約20kgも吸っている空気をどのくらい安全なものとしたいか、ぜひ考えてみてほしい。完全にとはいかないが、望めば、かなりのレベルでインテリアの有害性化学物質を減らすことは可能なのだから。

③快適性、健康性をどのように測るか

化学物質過敏症（CS）と同種の健康問題として「電磁波過敏症（EHS：Electromagnetic HyperSensitivity）」も話題になっている。携帯通信電波やWiFiなど微弱な電磁波に反応してCSにも似たさまざまな症状を発するものである。これもまだ科学的に解明されていない部分が多いのだが、CSとの合併発症も多く、患者数はCSを上回るという推計もある。5G、6Gとモバイル通信網の世代が進み、あらゆるものがワイヤレスでつながる社会となっていくにつれて、空気中の電磁波は強くなり続けている。CS同様に集中的な研究が必要な分野である。

日本の公共空間における健康性意識は、いまだに喫煙規制が議論されているレベルの低さである。しかし喫煙、受動喫煙の健康被害が問題とされ規制されるまでに人類が長い時間を要してしまった反省、化学物質や電磁波がより深刻な脅威である可能性をふまえれば、科学的にすべてがはっきりと解明されるまで放っておくという不作為は許されないだろう。

建築の断熱が「地球環境対策のため」と説明されることが示すように、快適性や健康性は他の目的よりも後回しに語られてしまいがちである。その理由は、人間がかなり強い生き物で、環境適応力があるがゆえであるといわれる。しかしそのことをもって、人はその身体の強さによって建築・空間を使いこなしているといえるのだろうか。むしろ建築に支配され、従属させられているようではないか。人が強いということ自体、そう思い込まされているだけではないのか。

2014年に米国で創設されたWELL認証という建築の認証基準は、人間の健康や快適性・生産性の向上を目的にオフィスビルなどを評価するものであり、今後の普及が注目される（▼2-06）。「身体的、精神的、社会的に良好な状態＝ウェル・ビーイング」によって建築を評価する考えかたの登場は、「環境」一辺倒だった建築評価の基軸が、「健康」へとシフトするかもしれないことを予感させるものでもある。本書が提唱する超インテリアは、それぞれの人にとっての生活環境は都市や建築によって規定されるものではなく、その人の感性によって自由に形成されるものである、という空間・環境イメージである。「環境」から「健康」へのシフトもまた、そのような社会の意識変化の兆候といえるのではないだろうか。

❓7 その部屋の20年後が予想できるか

木や石ならば、それがどのくらいの年数でどのように変化していくものなのかを、私たちは経験的に理解している。木材ならば、それが次第に変色していき、湿気があれば腐ったり、白アリに食べられたりもする。それに対して石は、多少表面が欠けたりすることはあっても、100年でも1000年でもその物性は変化しない。木に触れたときの優しい暖かみや表面の柔らかさ、石に触れたときの冷たさや重みのある硬さも知っている。

ところが現代の建築に使われている建材には、そういった感覚的理解が難しいものが多い。第一章でも書いたが、都市の建築空間で見かけるフローリングや合板をはじめとした木質材料は、もはや自然界にある木とはかけ離れた形状や性能をもっている（P60参照）。木質材料にも含有されているプラスチック（合成樹脂）のもつあらゆるものを「非物質化」してしまう性能は、人とモノの感覚的な関係性を希薄にする。その一方で非物質化は多くの利便性をもたらしてくれるものでもあるため、そのよくわからないものを信頼する、あるいはそれを供給する社会という基盤を無条件に信頼する、という割り切りが近代における私たちの基本的な感性として否応なく刷り込まれてきたことも述べてきた（P74参照）。しかしはたして本当に、現代建築は、信頼に足るほどの耐久性をもつものなのだろうか。

日本では、取り壊される住宅の平均築後経過年数は約30年であり、イギリスの約77年、アメリカの約55年に比べるとかなり短い（▼2-07）。住宅ローンを返済し終える期間よりも短いこの平均寿命を改善すべく、政府は「長期優良住宅」の普及に取り組んでいる（▼2-08）。その「長期優良住宅」のパンフレットにも「計画的に維持管理することが必要」と記されているように、長く使うことが前提の建築において、内外装や設備の日常的な手入れや時折の修繕は絶対に必要なことである。ところが建築解体までの平均年数30年というのは、ギリギリ大掛かりな修繕をほとんどしないでやり過ごせてしまう可能性がある年数でもあり、この年数で建て替わっている現状では建築のメンテナンスに関する社会の意識が低いこともありまえだろう。

そのメンテナンス意識の低さは住み手だけではなく、提供する側においても同様である。修繕をおこなう段になって、かなり大掛かりな工事になってしまったり、むき出しの配管の増設などまさに取り繕ったような見た目になってしまったりする原因が、当初の設計におけるメンテナンスへの配慮不足であるといわざるをえない事例も数多く見受けられる。

もし本当にこれから、日本の建築の寿命を延ばしていくことを考えるならば、住み手が、その建築が時間の流れの中でどのように変化していくのかを認識し、その変化とどのように付き合っていくのかを判断できなくてはならないだろう。しかし先述のように「非物質化」した近代材料は、あたかもそのような判断力をもたれることを拒むかのごときわかりにくさで、私たちの感性を弱体化させている。

日頃、多くの建材製品のカタログに接していると、「変色がほとんどありません」、「高耐久性」、「防汚性能」、「メンテナンスフリー」などのフレーズをよく見かける。つまりほとんどの製品が経年による様態の変化を良しとはしていない。もちろん建材の性能としてそれは評価すべきことではあるのだが、変わらない、ということは建築の価値の一側面でしかない。既製品の話ではないが、建築家の隈研吾が外装に木質材料を用いた建築をつくったところ、建てて一年ほどして木の色が変わったときに「汚れちゃいましたね」と言われたという話を聞いて、木の色が変化することすら想定してもらえないほど社会に「非物質」が浸透してしまっていることに驚かされた記憶がある（▼2-09）。

そのような社会の感覚が、何十年経っても劣化しない建材性能の追求に結びつくならば——そのことにも疑問はあるが——まだましなほうである。これは建材にかぎった話ではないのだが、問題の本質は、流通している製品の多くが「経年変化する」という事実ときちんと向き合っていないことである。新品状態のスペックを競い、必要ないほどにまで高性能化しながら、実はその高性能を享受できる期間はどんどん短くなっているというのが実状ではないか。近年における電化製品、電子機器や自動車などの耐用年数の変化を考えればよくわかるだろう。

長持ちしないことの是非を主張するわけではない。あらゆるものにその特性としての寿命があることは当然である。良くないのは、そのようなライフサイクルがなかば作為的に意識から消されてしまっていることである。建築はさまざまな素材や製品が組み合わされた複合物であり、また通常数十年は使い続けられるものである。その期間建築を健全に保つために、なにをどのように気遣えばよいのか、はたして住み手は理解できているのだろうか。おそらくそれ以前の問題で、自宅の外壁のサイディング（外装仕上げパネル）が金属系なのか窯業系なのか、内壁が石膏ボードなのか合板なのかすら、きちんとわかっていない人が多いのではないだろうか。それらの認識が建築全体の持続性、そしてその建築への愛着にも大きく影響するものであるにもかかわらず。

もちろん木や石などの自然素材だけでつくればその物性・耐久性を感覚的に理解しやすいことはたしかなのだが、現代のさまざまな性能要求にそのような材料だけで対応しようとすると、不可能とはいわないまでもハードルはかなり高いだろう。

建材についてのシンポジウムで、ライフサイクル性能表示の提案をおこなったことがある。目安としての耐用年数の基準を定め、それを建築の各部分に表示するようなシステムである（◈2−20）。プレゼンテーションではちょっと大袈裟に、「これによっていつもの住空間が違っ

表示	ライフサイクル年数	製品例
L5	5年以内	畳、障子、照明ランプ、外部塗装
L10	10年程度	電気設備機器、水回り製品、外部塗装・シーリング
L25	25年程度	設備配管・配線・機器、屋根・防水材料、外壁材
L50	50年程度	躯体（木造）、下地材、サッシ、金属部品、内壁、床材
L80	80年以上	基礎、躯体（鉄骨・鉄筋コンクリート）、ガラス、石材

◆2-20　ライフサイクル性能表示の試案

た風景に見えてくるはずだ」と主張した（◈2－21）。各建材のライフサイクルが認識された居住空間はもはや「自分が中に住むための容器」ではなく、「一緒に暮らしているモノたちの集まり」になるのだと。

この表示の目的は、建材製品を通した建築と人とのコミュニケーションである。その建築がどのように手をかけられることを求めているのかを知ることは、自身が建築に本当はなにを求めているかを考えることでもある。本当にそこまできれいで高性能であることを望んでいるのか。設備や構造などをなぜ隠さなくてはならないのか。時とともに見た目が変化するということは不快なことなのか。

またライフサイクル性能表示は、製品メーカーからユーザーへのコミュニケーションの意思表示でもある。そう考えれば「L25」（ライフサイクル25年）表示の製品の保証年数が10年などというわかりにくさも気になってくる。本来ならば免責条件を厳密につけてでも、保証年数＝ライフサイクルであるべきだろう。もし保証という言葉のもつ責任義務に抵抗感があるならば、それこ

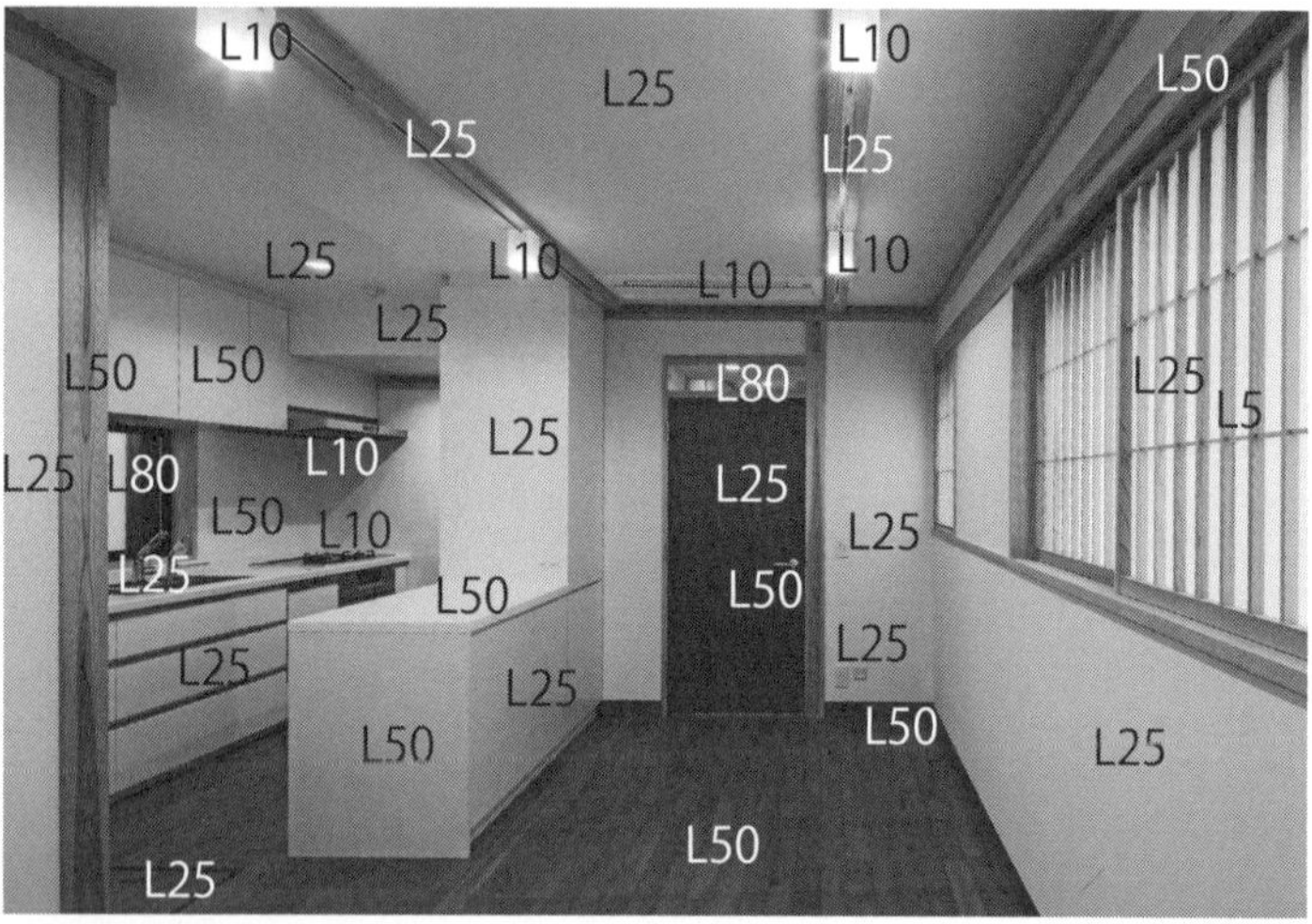

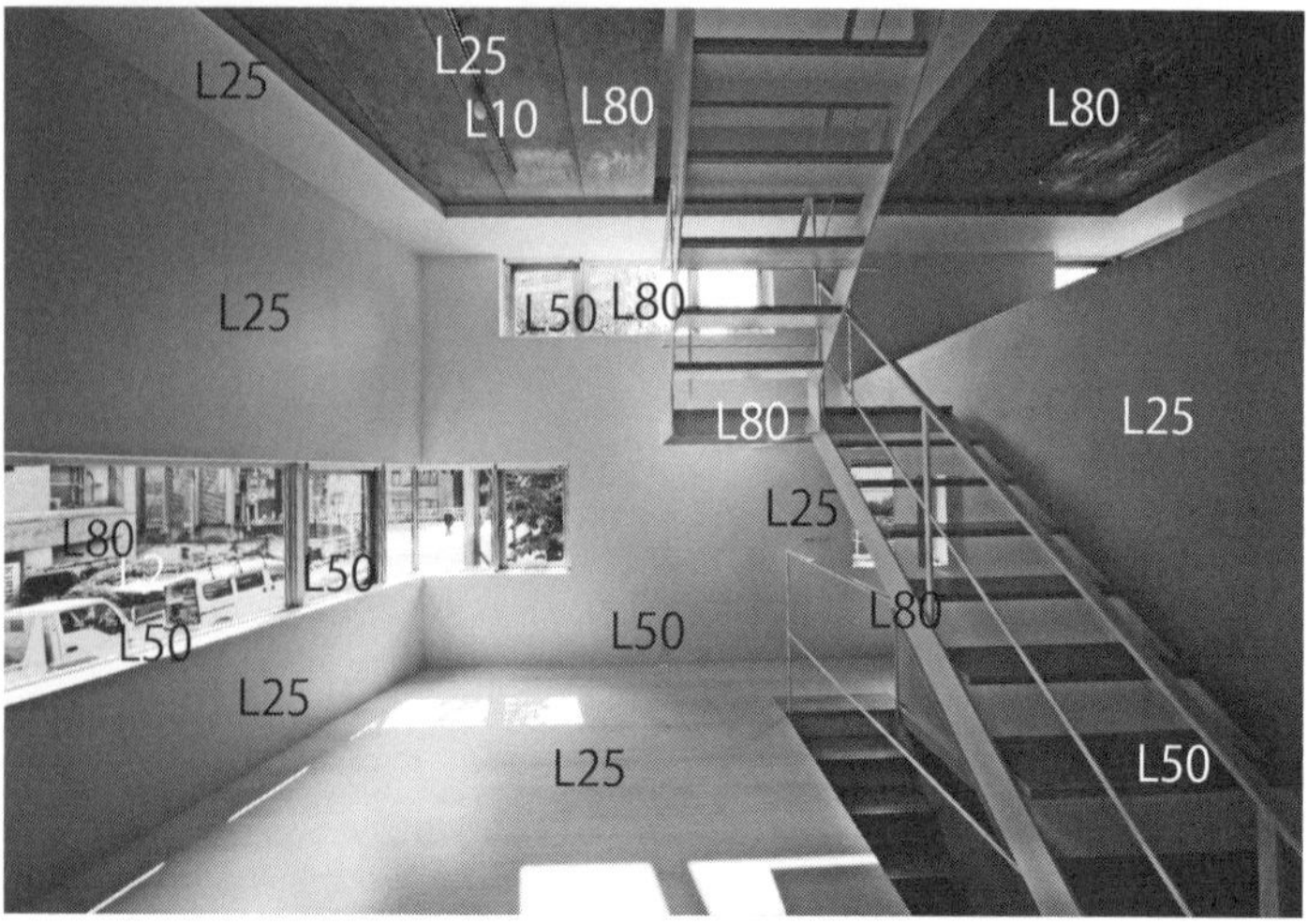

◆ 2-21 「ライフサイクル性能表示」によって建築の見えかたが変わる。もちろんこんなに大きな文字で表示されるわけではなく、製品のどこかに小さく表示すればよい

そライフサイクル性能表示を、保証とは別概念の指標として積極的に採り入れるべきではないか。そしてその期間におけるユーザーとのコミュニケーションこそがメーカーの財産であると考えることはできないものだろうか。10年使えば節電した電気代で設置費用の元が取れるとうたう省エネ設備の製品保証期間が1年しかない、などという不誠実とも言われかねない状態を、ライフサイクル性能表示によるコミュニケーションで補完することもできると考える。

ライフサイクル性能表示が生みだすモノと人とのコミュニケーションは、建築とともに年を重ね、ともに生きるという意識を生む基盤となりうるだろう。そのような思いなくして、建築・空間に対して本当の愛情をもつということはできないのではないか。そしてその愛情こそ、建て替えコストの節減や環境問題対策などといったやむをえない事情ではない、建築を長く存続させる本当の原動力となるはずである。

? 8 なぜインテリアで地震対策をしなくてはならないのか

日本は地震、火山活動が活発な環太平洋変動帯に位置し、世界で発生するマグニチュード

6以上の地震の20％ほどが日本で起きている。活火山数は世界の7・1％。これは世界の国の面積合計の0・25％しかない国土面積からするときわめて大きな数値である。必然的に、日本の建築の地震に対する意識はとても高い。同様に技術先進国であり地震地域でもあるアメリカ合衆国の西海岸エリアと並んで、日本が地震対応技術の先進国であることは当然ともいえるだろう。

もちろん日本の建築法規は地震に耐える建築構造を要求しているのだが、それでも大きな地震のたびに建築や都市に甚大な被害が出てしまう。厳しい基準を定めているなら、なぜ絶対に地震で壊れない建築になっていないのだろうか。

新築や耐震改修でよくあることなのだが、建築主から「この建物は震度いくつまでなら大丈夫ですか」という質問があって、真面目な構造設計者がそれに答えて「地震の応力を想定して構造計算していまして、建築基準法に従って一次設計では……」などと長々説明するも、「いや結局、震度いくつまで大丈夫なんですか」という問答が繰り返される。このかみ合わない感じは、建築構造に関しても「普通さ」と専門性に大きな感覚のギャップがあることを示している。建築構造計算は完全に客観的に安全を担保するようなものではない、などと専門家に言われても、普通は簡単には納得できないだろう。

建築構造計算の不確実性は第一に、建築に働く外力を正確には想定することができないことによる。地震はその最たるもので、強度、波形、方向といった揺れかたもそのたびごとに異なる。風による圧力にも同様のことがいえる。また建築を支える地盤についても、土や石の種類や密度、硬さ、地層構成などは場所ごとに異なり、それによって地面と建物の間の力の伝わりかたも当然異なる。そして建築の中に入る人やモノの重さや動きかたといったものも、すべてを予測しきることはできない。これらすべては統計的なデータなどに基づいた「想定」で設定せざるをえないため、計算結果もその「想定」と同等の不確実性をもつことになる。

不確実性の第二の理由は、建築の組成の複雑さである。まず建築を支える基礎・柱・梁・床・壁・屋根などといった構造体である木や鉄筋コンクリートから、すべて一様な品質であるとは言い難いし、経年によって変化もする。さらに建築は構造体のみでできているわけではなく、実際には仕上げのボードや窓サッシをはじめとした無数の構成要素のすべてが、建築構造になんらかの作用をしている。これらの要素をすべてコンピューターに入力して解析することはできない（仮にできたとしてもあまり意味がない）ので、ここでも建築の構成をかなり単純化したモデルに変換して解析するという「想定」がおこなわれる。その変換はある程度設計者の感覚に委ねられている。

このように構造計算というものは「想定」にもとづいたものであるため、巨大地震のような想定外の外力がかかれば被害もでてしまう。そしてそれを受けて「想定の更新」、すなわ

◆2-22　耐震改修を施されたビル
建築を使用しながら大掛かりな耐震補強をすることは内部では通常困難であるため、このように外部に露出して補強材が設置されることも多い。かなりいかつい印象の見た目になるが、それが安心感につながるという考えかたもなくはない

ち建築基準の改正がおこなわれ続けることになる。

そこで問題になるのが、すでにつくってしまった建築をどうするのか、ということである。リノベーションの項でも書いたが、法改正が、建築をより安全なものにするという意図をもつことは理解できるのだが、その法律は同時に、それまで基準に従って建てられてきた建築に「既存不適格」というレッテルを貼ってしまうものでもある（P126参照）。

法律上、建てられたり改修されたりした時点の基準に適合している建築は違法建築ではない。しかし基準が更新されてしまうと、安全に対する公共性、倫理性の観点や、新しい建物と比較した資産価値の観点などから、既存建築の耐震性能を新基準レベルまで上げる改修が検討されることも多い。その検討の結果、X形やV形のいかつい斜材を付与するような耐震補強が施されているビルを見たことがある人も多いだろう（◆2−22）。

住宅など小規模な木造建築の場合は耐震補強も比較的やりやすい。前述のようなビルの補強材がかなり目立つ存在感をもつことに比べて、近代構法の木造住宅の耐震改修では、壁の内部に筋交いを入れ

◆2－23　木造住宅の耐震補強工事の現場
このように一旦壁仕上げを外して壁内に筋交いを設置する。このあと壁パネルを取り付けて仕上げれば、以前と変わらない部屋の形に戻る

たり、表面のボードを強固な仕様のものに張り替えたりすることが一般的であり、工事が終わってしまうと見た目にはほとんど変化がわからないこともよくある（◆2－23）。外周に縁側をぐるっと回したような昔の形式の木造建築など、そもそも補強する壁自体が少ない場合は新たに壁や構造体を追加しなくてはならないこともあるのだが、それでも内部改修の範囲でかなりの補強が可能である（◆2－24）。

２００４年の新潟県中越地震のあとに計画された《妻有田中文男文庫》の設計では、木造の公民館を地域文庫（図書館）とするために設置する本棚が、耐震補強要素ともなるように考えた（◆2－25　P99◆1－40も参照）。ここに設置された本棚や床材はすべて厚さ1寸巾6寸（3cm×18cm）の杉板材のみでつくられている。板の端部はさね加工（凸形、凹形の溝加工）されているため、組み合わせると反りのない強固な板となる。これを壁に沿って部屋全体を取り囲むように設置することによって、壁補強と同様の効果を得ることができる。また3cmの厚さの無垢板は断熱性も高いため、断熱性も格段に向上する。当然、本棚としても非常にしっかりとしたものとなるという、まさに一石三鳥の造作家具である。この、家具と耐震、断熱を一体

◆2-24　高橋是清邸（「江戸東京たてもの園」内、1902年に建てられた建築の復元）
縁側の正面と左側に格子状の耐震補強パネルが設置されている。なるべく空間の印象を崩さないように壁をつくらず、格子パネルによって補強をおこなっているのだが、周囲の建具などに比べるとどうしても線が太く、存在感がでてしまっている

とするという超インテリア的発想によって、工事を非常にシンプルで低コストなものとすることができた。

ただし一点書き添えておかなければならないのだが、ただ壁を補強すれば建築の耐震性が上がるというものではないことには注意が必要である。建築全体の硬さのバランスが良くなるように補強を入れないと、建築がねじれるような揺れかたをしてしまい、かえって危険な状態になることもありえる。もちろんこの文庫でも、建築全体の耐震計算をおこなったうえで補強を施している。

現行の耐震基準に概ね近いレベルとなった改正法は１９８１年の６月に施行された。それ以前の通称「旧耐震基準」

によって建てられた建物については、もちろん正式な調査のうえでの耐震補強改修を検討することがベストであり、個人住宅については多くの自治体が耐震改修費用の助成制度なども設けている。ただ、本格的な耐震改修まではできないときでも、インテリア空間の安全度を上げる方策はいろいろある。《妻有田中文男文庫》のように必要な改修に合わせて合理的に補強する、寝室や避難経路だけでも安全対策する、などの中間的な対策でもおこなった分だけ効果はある。そしてよく言われる家具の転倒防止や、物の落下防止などもきわめて重要な配慮事項である。

◆2-25《妻有田中文男文庫》本棚の施工中の様子。さね加工した厚さ3cmの杉板のみですべてがつくられている。メインとなる図書室の外周に切れ目なくこの本棚が連続している（P99◆1-40参照）

法律や基準に適合することは建築の目的ではない。そもそも耐震とは「建築が地震に耐える」性能のことだが、文化財建築のようなものは別として、建築自体を守るということももちろん最終目的ではない。それでは自分はいったい建築にどのような安全性を求めているのか、と考えるところから、超インテリアにおける安全性のデザインは始まるのである。

？9 家をお店にしてはいけないのか——インテリアと法規

インテリア改修は、家具やカーテンを替えたりすることの延長上にあり、建築を建てることに比べるとかなり気軽におこなえる。その気軽さは、超インテリア時代における人と空間のコミュニケーションのための、きわめて重要な特長でもある。しかしインテリアが社会の主役となっていくためには、社会性を担う空間として、建築法規との整合性をどう担保するか、という問題も乗り越えていかなくてはいけないだろう。

建築が、建築基準法をはじめとした建築関係法令に適合しているかどうかのチェックは、主として建築が建てられるタイミングで、建築確認申請などの申請手続きとそれに伴う立会い検査によっておこなわれる。一定の程度以上の改修工事なども確認申請の対象となり、同様に検査を受ける必要があるのだが、実際におこなわれている多くのリノベーションは法律上、確認申請や検査を必要としない。だからといって法律に従わなくてよいわけではないのだが、実状としては、法令に適合しているのかかなり怪しい店舗内装などを見かけることもしばしばある。

前項では地震に関する基準について書いたが、もうひとつ日本の建築法規が特に厳しくこだわっている分野がある。元々木造都市であったことによるものだと思うが、それは火災への対応に関する基準である。そしてリノベーションの際によく問題となるのも、この火災対応の部分なのである。たとえば火災が起きた際に火や煙が広がらないように、大きな床面積となる空間には防火区画、防煙区画という区画を設けなくてはならない。重く武骨な鉄扉や、吹き抜けに面したシャッター、天井に設置されている透明な下がり板（防煙垂れ壁）などはそれらの区画のための措置である。さらに火災の煙が充満しないように外部に排煙する窓や設備も設けなければならない。また火災時に中にいる人が無事に屋外に避難できるように、避難用の階段を複数設け、建物のどこに居たとしてもそれらの階段に既定の歩行距離以内で到達できなければいけない。照明が消えても安全に移動できるようにバッテリーを積んだ非常用照明や緑色の誘導標識も設置しなければならない。さらに壁や天井は燃えにくい材料でつくらなければならない。

これらはまだまだほんの一部であり、こういった基準が多岐にわたり、建築と部屋の用途

用語	規制適用対象・設備	意味
不燃材料 **準不燃材料** **難燃材料**	壁紙、ボード類などの内装材。屋根や軒天井、外壁などの外装材	火災による火熱に晒されたときに一定時間燃えない、変形しない、煙や有害ガスを出さないような材料の性能
耐火（建築・構造・性能） **準耐火（〃）** **防火（〃）**	建築物全体 建築物の一部分	火災が起きた際に建築物の倒壊や、周囲への延焼、周囲からの延焼を防ぐような造り。材料単体でなく複合的な構成による性能
防火（区画・壁） **防煙（〃）** **防火設備**	建築の壁、扉、窓、シャッターなど	火災時に炎や煙が建築内で広がることを防ぐ、また周囲の建築への延焼、周囲からの延焼を防ぐための壁や建具
遮炎性能 **遮煙性能**	防火設備となる扉など	火炎や煙を有効に遮る形状・性能
防炎	カーテン、カーペットなど	引火しても燃え広がりにくい材料性能。消防法で規定
火災報知設備 **消火設備**	火災報知器、消火栓、消火器、スプリンクラー	火災時に警報を発し、避難や消火活動を助けるための設備。消防法で規定
防火地域 **準防火地域** **法 22 条地域**	都市における一定のエリア	市街地における火災の危険を防除するため都市計画で定める地域。この地域では建築の用途や規模に応じた耐火性能の規制などがかかる

◆ 2-26　建築関連法規における主な火災関連用語

や床面積、階構成などによって複雑に適用されているのである（◈2-26）。そして規定内容を見ればすぐわかると思うが、リノベーションをおこなうということは、本来はこれらのほとんどの基準について再検証が必要になることを意味する。オフィスビルで倉庫だった部屋に机を置いて仕事部屋にしただけでも、数十項目におよぶ法不適合が発生している可能性が高いのである。

特にコンバージョン（用途変更を伴うリノベーション）の場合は適用される基準の内容が大きく変わることが多く、かなり「詰み」に近いくらい法令対応が困難な状況もよくある。しかしいうまでもなく、リノベーションが必要となる背景にはそういった建築基準とは異なった文脈が存在する。空き家、空きビル問題などでも、都市計画的な規制も含めて、さまざまな法令が障害となって対策が進まないという事情のところは多い。

乱暴な言いかたをしてしまうなら、建築や都市の仕様を法規制しようとする考えかたと、リノベーションという行為は相性が良くない。建築の法規制は、ある時点ある場所に建てられる建築を、その時点の使われかたに応じて、その少し前に定められた基準によって縛るものである。それに対してリノベーションはある場所ある時点では機能していた空間がその後に機能しなくなってしまったことに対応する、臨機応変さが求められる部分変更であるため、元が丁寧に無駄なく設計された基準適合建築物であればあるほど困難になる。「リノベーショナリズム」として論じてきた、空間様相の「未完成さ」を許容するデザインは、それが法令違反をしているというわけではないが、そのような「正しい建築」と「普通さ」の感覚のギャップをアイロニカルに表明しているともいえるだろう。

ちなみに見出しにしている「家をお店にする」場合については、お店の面積が家の半分より小さく、内部で住宅部分と行き来できるような造りであれば「兼用住宅」という扱いになり、建築全体としては大きな仕様変更は要求されず、お店部分の内装や設備などのみ業態に応じた規制を受けることになる。この基準は「1階の道路側がお店で残りが住宅」というような昔ながらの商店の造りが想定されたものであり、そういったところには、法律にも「普

◆2-27　越後妻有清津倉庫美術館 Soko（設計：山本想太郎、2015年、2017年、新潟県）
小学校から美術館への用途変更。小学校の日常性、美術館の非日常性が相互干渉するような空間。小学校に対する内装制限の緩さは、用途変更の難しさともなる

通さ」の感覚が残っているといえるだろう。

コンバージョンを通じて、建築用途の意味と格闘した一例を示したい。《越後妻有清津倉庫美術館》は廃校となった小学校を美術館にコンバージョンしたものである（◆2-27）。この計画の出発点は人口減少地域の空き公共建築問題と美術界の作品保管問題のマッチングによって、それぞれの問題を解決するモデルを示せないかというアイデアであった。また、「倉庫美術館」という言葉には、「美術館」を「アートを展示・鑑賞するための

施設」から「アートというモノの置き場であり、さらにそれを流通させるための施設」へと変化させようという挑戦的な意図もこめられている（▼2−10）。

この考えは美術館という空間用途の概念の問い直しだけでなく、アートと社会との関係性を変革することまでも視野に入れたものである。既存の日本の美術館の多くは「アートは非日常的な存在で、完全に管理された環境で鑑賞するものである」という概念を植えつけるような施設となってしまっている。そのように教育された人々にとってアートは自身の日常とは不連続なものであり、それを買って、自分の生活空間にもって帰るなどと考える対象ではないだろう。日本のアート市場の小ささはそのような美術館空間がもたらしたものといえるかもしれない。それに対してこの美術館は、アートと日常に連続性をもたらすものとなるように構想した。

設計に際しては、アートと日常の共存をはっきりと認識させる空間をつくることを目指している。元々体育館であった展示室では、見慣れた既存の体育館という日常性を空間の上半分に残し、下半分はコンクリート打放しの現代的展示スペースとして整備した。本校舎を改修した展示室は床に教室や廊下の気配を残しつつも整った美術展示室として設え、体育館からの移動によるダイナミックな雰囲気の変化をつくることによって、日常／非日常の感覚のゆらぎをより強く喚起することを仕掛けた。このように「美術館」といった「用途」に代表される「正しい建築」の既成概念を崩していく空間をつくるために、コンバージョンという手法は非常に有効なのである。

しかしここでも当然、法の壁はかなり高く立ちはだかった。実は小学校という用途は法的な扱いが特殊で、内装材の制限や排煙などの防災設備の設置基準がかなり緩いのである。たとえば壁が木質の合板（可燃材）で仕上げられた小学校は結構多いのだが、これは美術館などの公共性の高い施設では通常許されない。このため、元々小学校だったものを他の用途に転用しようとすると相当な大改造が必要となってしまうのである。もちろん公共性の観点から安全な施設であるための措置を積み重ねるように改修設計を進めていたのだが、排煙設備などどんなに工夫しても解決が困難な規制もあり、計画が暗礁に乗り上げるような時期もあった。

ところがそれは突然解決してしまった。2015年に、おそらく主として空き公共施設問題への対応として、空きビルや廃校を児童施設等（美術館も含む）に改修する場合における排煙規定が緩和されたのである。それに続いてさまざまな改修に関する規制緩和もおこなわれ、ある程度、大掛かりなリノベーションやコンバージョンがやりやすくなった。この小学校改修はそれらの規制緩和をフル活用してやっと実現したのである。

このような建築規制の変化は、リノベーションだけでおこっているわけではない。シェアハウスやシェアオフィス、民泊施設など、新しい用途概念の空間はやはり既存の法規制の枠

◆2-28　森山邸（設計：西沢立衛、2005年、東京都）
これは名称が示すようにあくまで個人住宅という位置づけで計画されたものだが、建築がバラバラに分割された構成となっており、各部に間借りした住人たちが住む。建築空間の形態が、住宅、集合住宅、シェアハウスといった枠組みを鮮やかに突き崩している

組みに入りきらないものとして登場し、その状況への対応を迫られてなにかしらの基準がつくられたり既存法規が改正されたりしている（◆2-28）。

基本的に規制緩和は新しい空間文化の可能性として期待したいものではある。ただしそれらが建築の安全性とはまったく異なる文脈の社会的要請によっておこされた変化であることも忘れてはならないだろう。前項と同じような結論となってしまうが、超インテリア時代においては、安全性に対するより多くの判断が空間を使う側に委ねられることになるのである。

10　AIと3Dプリンターで空間を自動生成できるか

コンピューターに入力されたデータから製品をつくりだす、というプロセスの一般化、簡易化は急速に進んでいる。「建材の雑貨化」の基盤技術のひとつであるインクジェットプリンターの進化によって、壁紙やカーペットの柄を自在に特注生産することも普通にでき

◆２‐29 Sphere $10m^2$（Clouds AO/serendix） ２０２１年に発表された、３Ｄプリンターを用いて30坪３００万円の住宅を24時間でつくるというプロジェクト。すでに国内外で販売を開始している

るようになっていることは先述した（Ｐ１０６参照）。そしてついに本命ともいえる技術、３Ｄプリンターが建築やインテリア分野で注目されはじめている（◆２‐29）。するとおのずと気になってくるのは、もう一方で注目されているＡＩ（人工知能）技術と組み合わせれば、いよいよ建築・インテリアの全自動生成の可能性がでてきたのか、ということであろう。ここではそれらの技術について考察してみたい。

①AIが得意な「リアライズ」

２０１０年代に、かなり盛んにＡＩの進化が話題にされた時期があった。「ＡＩ」だけでなく「ビッグデータ」、「ディープラーニング」、「シンギュラリティ」などといった用語が次々と流布し、チェスや将棋などの思考ゲームで人間の名人たちがＡＩプレーヤーに敗れたり、自動車の自動運転が実験レベルでは実現したりといったニュースもあり、「あらゆる消費者情報が一部の巨大企業に収集されている」、「やがてＡＩによってさまざまな職業が消滅する」といったことをマスコミもさかんに煽っていた（▼２‐11）。最近ではChatGPTをはじめとした生成系ＡＩ（与えられた要望に応えて文章、プログラム、画像などを自動生成するＡＩ）が次々と公表され、また同様の話題の盛り上がりをみせている。はたして、建築・インテリアのデザイン業もＡＩにとってかわられてしまうのだろうか（▼2―12）。

今世紀に入ってからのＡＩの急激な進化は単にコンピューター集積回路の高性能化のみによるものではない。一部の世界的巨大企業などが独占的に、非常に多くのユーザー情報を得ることによって、インターネット上の人々のふるまいそのものが蓄積した「ビッグデータ」というデータ集積体が生み出されたこと、そこからさまざまなことを自動的に抽出・学習してＡＩが自律的に進化するという「ディープラーニング」の理論が確立したことが大きな要因となったものである。つまり、与えられた目的に沿って学習を深め問題解決や推論をおこなうという現世代のＡＩにおいては、その思考対象が学習可能なビッグデータを有するかどうかが重要なカギとなる。その点、チェスや将棋といった思考対戦ゲームはルールと勝ち負けという結果が明確であり、コンピューターが自ら仮想対戦を繰り返してデータを生成できるため非常にディープラーニングに適した対象だったのである。

一方で建築やインテリアについては、データとしての図像や画像は無数に存在するのだが、それらが「いい建築」「いいインテリア」であるかどうかという結果の属性が明確でないという問題がある。つまりＡＩがデザインを生成したとして、それがいいデザインであるかどうかＡＩ自身にも、さらには人間にも判定できない（◈2―30）。実際にそれがつくられ、長

◇ 2-30　AIによる画像生成アルゴリズム「Stable Diffusion」（Stability AI、CompVis LMU、Runway）による画像。「山本想太郎」「建築」「新作」というキーワードで自動生成されたもの

い時間をかけて使われ、社会に検証されてはじめて「いいデザイン」かどうかがなんとなくわかってくる。空間デザインはそのくらいリアクションが曖昧なものなのであるため、これらはなかなか精度の高いビッグデータとなりえない。

　しかし部分的にみるならば十分にAI適性が高い部分もある。図は建築・インテリアのデザインプロセスを簡易に図式化したものである（◈2－31）。ほとんどの社会性をもった表現行為についても概して同様のプロセスをたどるものといえるだろう。新しい概念や方針を生みだす「プロ

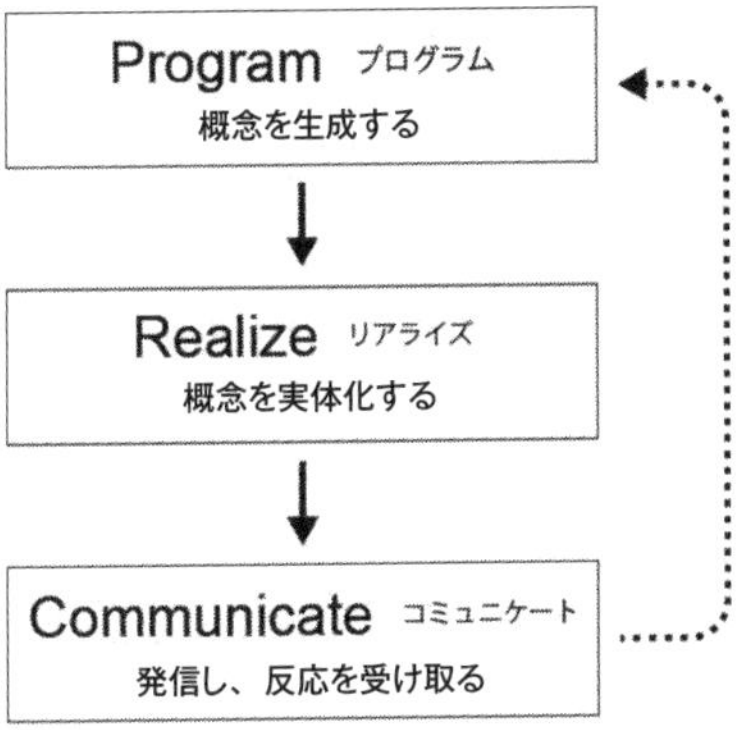

◆2-31　建築・インテリア表現のプロセス構成イメージ
Program =既成概念を超えた「意味」の創造
Realize =「プログラム」に形を与える。さまざまな状況を調整する
Communicate =実体化したものを提示して、建築主や社会の反応を受ける
→ Communicate の結果得られた情報は、次の Program に反映される

グラム」、それに形を与える「リアライズ」、それを社会に発信して反応を受ける「コミュニケーション」。そしてそのコミュニケーションの結果から次のプログラムが生みだされるというこの構造を想定すると、先述の曖昧なリアクションの問題はＡＩにとっての「コミュニケーション」の部分の難しさ、そしてそれにもとづいた「プログラム」の難しさを意味するだろう。対してプログラムが定めた目標に向かってひたすら情報を処理していく「リアライズ」の部分は、コンピューターの情報処理能力の適性が高い。言語モデルにおいてはすでにChatGPTやBardのような生成系ＡＩが一般にも使える「リアライズ」ツールとなっており、

それを用いた論文生成の是非など、さまざまな議論を巻き起こしている（▼2－13）。建築においても規格化された住宅製品や、法規対応、構造設計などについては、すでに一部では自動設計化が実現している。

意匠デザインについても、実は同様である。建築やインテリアでは、材料の耐久性、安全性、構造強度など、「リアライズ」の部分が形態表現に与える影響が大きい。それは建築・インテリアの意匠デザインにもかなりの程度のAI適性があるということでもある。むしろ一般的な認識におけるデザインに対する「社会のニーズ」とは、この「リアライズ」が大半を占めるものであるとも思われる。

②3Dプリンター建築がもたらす変革

3Dプリンター建築は、2022年に日本国内では初となる実例が竣工して以来、新たな事例が完成するたびにニュースなどで話題をふりまいている（▼2－14）。大型の3Dプリンターで建築自体をつくるという工法が一般化すれば、建築技術の難解なイメージを覆してしまうほどのインパクトをもつことは間違いない。もちろん、強度、大きさ、断熱性、法基準など、これから越えていかなければならない課題も多いが、一般的な工業技術の進化プロセスを考えてみれば、成果を求める社会的ニーズさえ確かならば、これらの問題が解決される道のりもそう遠くはないだろう。たとえば現在その主な材料となっているセメントについて、プリンター機構への適合性、強度、硬化速度、経済性（使用量や時間）などのバランスをとりつつ最適解を導くだけなら、それこそAIが得意とするところでもある。

ただし、3Dプリンターもいまはまだ技術を模索している段階でもあるため、その文化的・社会的意義自体はあまり議論されていない。技術的過渡期においては仕方ないことともいえるが、そこで「プログラム」を保留してしまうことによって、置き去りにされてしまう選択肢への目配せは忘れてはならない。たとえばこの技術が普及していくなかで間違いなくさまざまな「規格」がつくられることになる。製造可能な寸法の規格、材料の強度や耐久性の規格、設備配管や機器ととりあう形状や寸法の規格、施工や設置する者の規格（資格）などなど。それらひとつひとつの決定段階でかならず排除される空間表現の可能性があることには自覚的でなければならないだろう。また簡単に強固な巨大物体をつくることができる技術の普及による環境負荷問題を考慮するならば、構築物としての最適解とは違うとしても、セメントやプラスチック以外の素材の選択肢も検討されるべきだろう（◈2−32）。さらに「建てるべきではない」社会の到来を前提に、インテリア向けの3Dプリンターもぜひ欲しいところである。工場で製作して現場に運び込んで設置ということに制約があり、強度や耐久性もそこまで要求されないインテリアこそ、3Dプリンターと相性がよいように思われる。

このように進む道筋はさまざまになるかもしれないが、いずれにしても建築の3Dプリンティングは、まさに「リアライズ」部分に変革を与える技術ともいえる。建築施工というコストの大きい分野に関わるものだけに、この変革のインパクトはデザインのＡＩ化を上回るものとなるだろう。建築３Ｄプリンターはおそらく今後かなりの速度で進化・普及していき、多くの建築技術や制度がそれに引っ張られる形で変化していくと思われる。たとえばその普及プロセスは主原料となるモルタルを進化させ、近代建築を象徴してきたコンクリート内部の「鉄筋」さえも消滅させてしまうかもしれない。

2-32　TECLA（WASP社、設計：マリオ・クチネッラ）その場所にある土を使用して家をつくるという超低環境負荷を志向した3Dプリンター建築

またこれらの変革がもたらす最大の意味は、職人不足への対応でも、工事コストや工期を抑えることでもないと考える。それは「普通さ」の感覚を空間に反映することに対する大きな障壁であった、つくりたいもののイメージとコストや建設技術との調停という「専門性の壁」を取り払ってしまう可能性すらもつのである。「そんなデザインをしたら値段が高くなります。工期も延びます」といった施工業者がよく言うセリフは、設計の専門家ですらコントロールしきれない建築施工の世界のわかりにくさを象徴しているものだが、AIと3Dプリンティング技術の進化はそのような壁を取り払い、思い描いたイメージをシンプルな過程で空間にできる自由を与えてくれるかもしれない。

③「ぐるぐるリアライズ」から脱出できるか

今後、建築やインテリアをつくるというプロセスに大きな技術的変革がもたらされていくことは間違いない。しかしその変革期においてこそ、意識的でなければならない落とし穴もある。述べてきたようにAIや3Dプリンターは主として「リアライズ」部分をサポートするものなのだが、それがコマーシャルな意味における「社会のニーズ」に的確に応えるものであるだけに、その達成だけでかなりの満足感を与えてしまう。すると「プログラム」や「コミュニケーション」段階における思考停止が起こりがちなのである。

たとえば、リノベーションという行為はAI適性がかなり高いともいえる。実際に解決すべき問題を抱えていて、既存建築という明示的な制約がかかっているという状況で、その合理的な解決を目指すだけならば、それはやがてAIがすべき業務となるだろう。建築よりも短いサイクルでおこなわれるため、ビッグデータも蓄積されやすい。しかしその「リアライズ」能力を安易な生産手段としてだけ捉えてしまうならば、ステレオタイプのインテリアの量産の追い風にしかならない。「リアライズ」が「プログラム」にフィードバックされなけ

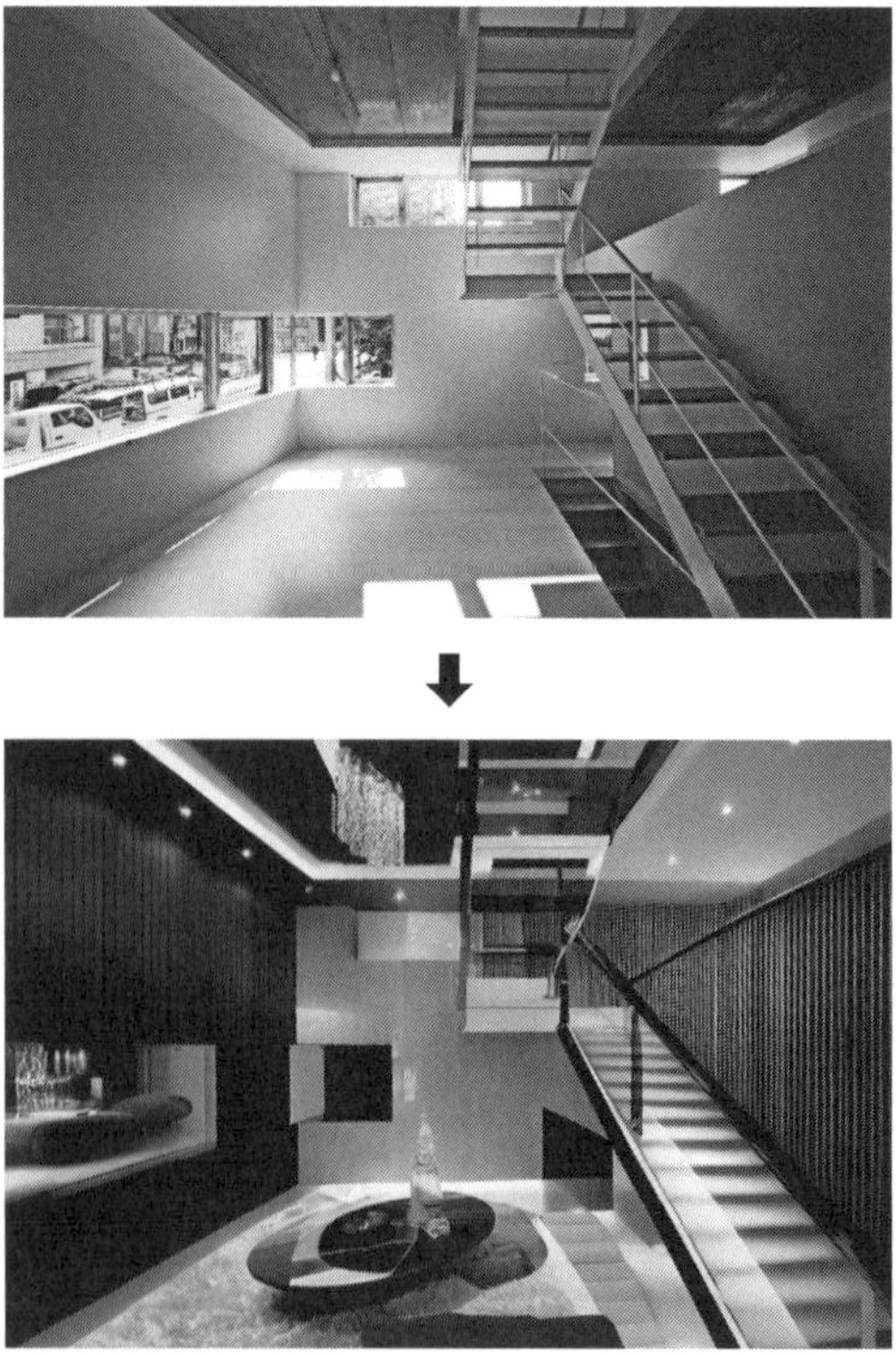

◆ 2–33　インテリア生成 AI、RoomGPT により生成したインテリアパース。上の《はたのいえ》の現状写真から、下の改修提案が生成された。内装のテイストも指定可能。「リアライズ」部分だけなら、もうここまで来ている

れば、それはショートサーキット化した「ぐるぐるリアライズ」に陥る。逆にいえば、「ぐるぐるリアライズ」を望むのであれば、「AIと3Dプリンターで空間を自動生成」することはもはや実現の一歩手前であるといえるだろう（◈2―33）。

そのような皮肉な物言いをしたくなってしまうくらい、日本の都市は「ぐるぐるリアライズ」のオフィスビルや住宅に満ち溢れている。社会が「ぐるぐるリアライズ」を強く求めているようにしか思えない風景である。その原因にはおそらく現代日本社会を覆う空気である、「プログラム」を更新することへの不安があるのではないだろうか。それは、人々が社会的な議論をおこなった結果として新しい価値の獲得へと合意するような「コミュニケーション」を今の社会には望めない、という絶望感に起因するものだろう。先の図のように、「コミュニケーション」が成立しなければ、「プログラム」へのフィードバックはなしえない。実はこのような「コミュニケーション」への絶望感こそが、AIブームの背景のひとつであるように思えるのである。

しかしそれでもなお、私はAI、3Dプリンターに強い期待を抱いている。あらゆるモノの進化の過程において、文化・理念的な成熟と技術的な成熟は完全に並行して進行するものではありえないのだが、それはけっして悲観すべきことではない。それらにズレがある中途半端で不安定な状態にこそ、本来は「リアライズ」と「プログラム」の濃密な対話が生まれるはずであるから。AIがチェスや将棋の新しい定石を次々と生み出していることなども、その対話の成果といえるだろう。AIや3Dプリンターは「普通さ」のイメージのリアライズを容易にするが、その最適解には、これまでの建設プロセスが無自覚に排除してきた、「普通さ」の本質の断片が潜んでいるはずである。それらの断片は否応なく私たちの目に入り、価値観にゆらぎを与えるのではないか。そしてより良い変化へと向かうために、それらの断片をより能動的に感知して「プログラム」にフィードバックしようという姿勢こそが、超インテリアの思考なのである。

11 なぜ屋根にソーラーパネルをのせたいのか——サステイナブル

住宅の新築や改修の設計で打合せをしていると、ほとんどのケースで一度は、屋根にソーラーパネルを設置すべきかどうかという話が建築主からもちあがる。設置したい理由の第一は、電気代の節約である。これは国や自治体による助成制度や、契約を前提とした電力会社による値引きなども利用して、設置にかかる初期費用を回収したうえでさらにコストメリットがでるかという計算をすれば成否が判定できる。タイミングにもよるが、再生可能エネルギーを重視する政策風潮からして、メリットがあることが多い。第二の理由は災害などによって停電した場合の安全対策というもので、これも蓄電装置などと組み合わせればそれな

◆2-34　東京都杉並区の住宅地この写真に写っている住宅やアパートは100棟以上あるが、ソーラーパネルが設置されているのは2棟。東京都は2025年4月から大手住宅メーカーの新築住宅を対象に太陽光発電装置の設置を義務化する予定。施行されればこの風景もやがて大きく変わることになる

りの安心感は得られるだろう。ところが、実際にソーラーパネルの設置にいたるケースは半数にも満たない。家を建てたり改修したりといった多額の出費がかかる局面で、そこまでお金が回せないことが多いためである。設置費用の捻出のために家の仕様を落とすというほどには、ソーラーパネルの優先順位は高くなかったということである（◆2-34）。

少なくとも私の経験では、「地球環境に貢献したいからソーラーパネルを設置したい」という相談を受けたことはない。もしそのような相談を受けてしまったとしたら、設計者としてそれに真摯に応答することは容易ではないだろう。はたして個々の戸建て住宅の屋根にこぞってソーラーパネルをのせることが省資源や低炭素の観点で効果的な方策であるか、生半可な検証では確信がもてないためである。地球環境問題がきわめて重要な局面にあり、いま全世界が対策に取り組まなければやがて人類文明を破滅させる可能性が高いことは間違いない。それは理解しつつも、ではひとつの建築をつくるという立場でその問題にどう対応するのか、となるとなかなか確信をもっては答えにくいし、また感覚的にも実感しにくいのである。

建築とエコ問題について講義で説明するときに私が例示する話として、「冷蔵庫のパラドックス」というものがある。

家電量販店のなかを歩いていたら、店員に新型の冷蔵庫を勧められる。本当は冷蔵庫を買いにきたわけではなかったのだが、店員いわく、「この新製品は消費電力がお持ちの冷蔵庫の半分ですから、買い替えの費用は10年も使えば回収できます。地球環境にも貢献するエコ認証製品です」。その言葉につられて買い替えた2年後、同じ店で、「さらに3割電力を削減できる新エコ認証対応製品がでました」といわれて、また冷蔵庫を買い替える……

まるで「アキレスと亀のパラドックス」のごとく、消費者はエコの真理に永遠に到達することができない。これは笑い話のように思えるかもしれないが、LED照明や再生可能発電あたりで、私たちは実は似たようなことをしてしまっているのではないだろうか。

いうまでもないことだが、エコ問題の理解しにくさ、実感しにくさは、そこに非常に多くの社会的文脈が関係していることによる。まず「地球環境問題」の「環境」とはあくまでもそこに人が存在するということを大前提とした、人間のための概念であるから、「地球環境

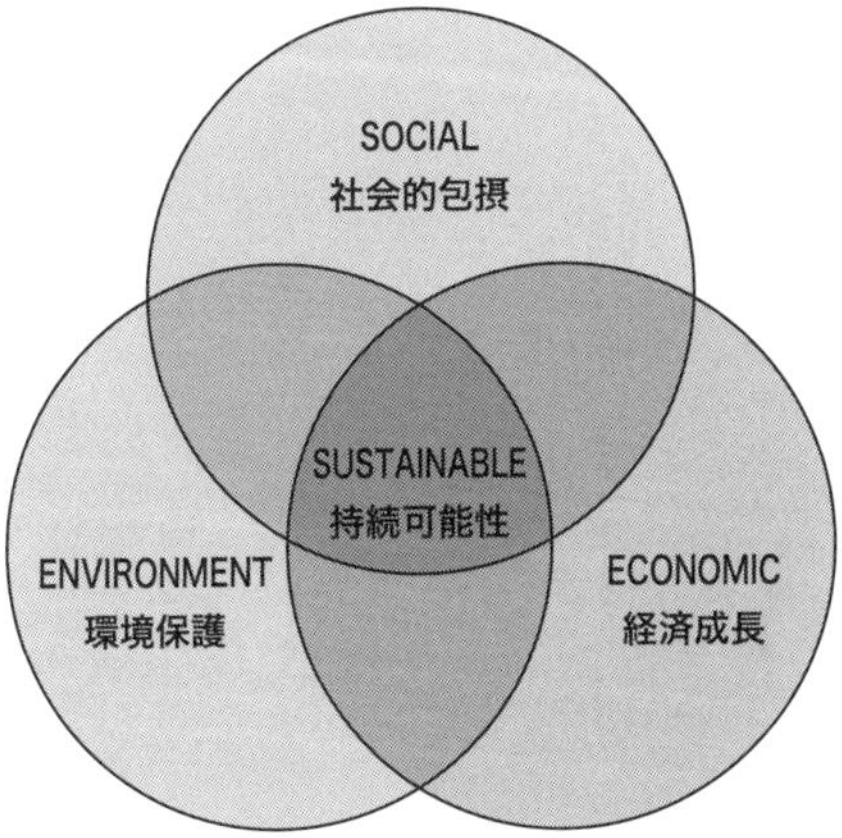

◆2-35 「サステイナブル」の概念　1987年の国連「環境と開発に関する世界委員会（WCED）」の報告書『われら共有の未来』で提唱された「持続可能な開発（sustainable development）」という言葉が元になっている。それまでの「環境問題の解決」という問題意識から、「未来に向けた環境と社会の保全」というイメージへと世界の視野を広げる画期的なコンセプトであった（WCEDの報告書をもとに作図）

のためには建築をつくらなければよい」などという暴論は意味をなさない。人類全体が直面している問題に対する意識を先導している国連も、環境問題を「サスティナブル（sustainable、持続可能）」という概念の一部、つまり経済や社会の存続とのバランスをとりながら取り組むべきこととして捉えている（◆2―35）。

２０１５年に国連総会で採択された「ＳＤＧｓ（Sustainable Development Goals、持続可能な開発目標、の略称。エスディージーズ）」もすっかり一般用語となったが、そこには貧困、差別、経済成長、平和、そして環境など17の目標、その下に１６９の達成基準と２３２の指標が挙げられており、およそ人類が直面している大きな課題を一通り包括するようなものとなっている。ひとつひとつが根深い背景をもつうえに、相互に複雑に関係するこれらの課題の複合体に対して、ひとつに像を結ぶような解答などありえないことは明白なのだが、綱渡りのようにバランスをとりながら人類社会が歩を進めるために、このような包括性をもった思考基盤はきわめて重要である。だからこそ、「エコ」「サステイナブル」「ＳＤＧｓ」といった言葉が安易に商業主義や政治権力に利用され、その概念まで矮小化される傾向には暗たんたる思いを抱かざるをえない。

話を建築・インテリアに戻して眺めてみても、いまやあらゆるところに「エコ」や「ＳＤＧｓ」といった言葉が飛び交っている。それらの言葉の用いられかたに首を傾げたくなることも多いが、とはいえ建築がそのライフサイクルで大量のエネルギーを消費する存在であることは明らかであるため、省エネルギーはもはや「配慮すべきテーマ」などではなく「基本的に必要な性能」として認識すべきものであるという考えにまったく異論はない。年間エネルギー消費の収支に注目した住宅対象の「ＺＥＨ（ゼッチ　Net Zero Energy House）」、ビル対象の「ＺＥＢ（ゼブ　Net Zero Energy Building）」という目標基準もある（Ｐ２４９◆３―11参照）。既存の建築についてもこれらを標榜した壁や窓の断熱性の向上、省エネルギー設備への更新、そして再生可能エネルギー生産設備の設置といった「ＺＥＢリノベーション」のような事例も増えてきている。冒頭のソーラーパネルの設置も、ＺＥＨとまではいかなくともいわゆるエコ改修とみなされるものである。

繰り返しになるが、ＺＥＨやＺＥＢの理念を否定するつもりはまったくない。ただ、たとえすべての建築のエネルギー収支をゼロにしたとしても、それだけで地球環境問題が解決するわけではない。多くの社会資本を投入して個々の建築をＺＥＨ、ＺＥＢにすることは必ずしも効率のよい方法論ではないようにも思われる。もしこれらの言葉を単なるルールとして目的化し、その問題の本質を失念してしまうようなら、まったくの本末転倒といえよう。これらの言葉の存在意義は、闇雲にゼロエネルギー目標を目指すことではなく、一人一人の生活者が、自身の身の回りの事象が社会全体とつながっている、問題を共有しているという意識をもつことではないだろうか。そのうえで、ＺＥＨ、ＺＥＢ以前に都市や生活のありかた自体から再構成していかないと、解決の糸口は見えないのではないだろうか。

ある建築やインテリアのサステイナビリティについて思考するための一助として、関連しそうな概念の広がりをリストにまとめてみた（◈2－36）。ソーラーパネルを設置すべきかどうか、それだけでも真剣に向かい合って考えてみれば、自身の生活と社会をとりまく無数の文脈に思いをはせることになるだろう。そのような超インテリアの思考によって生活環境の認識からウチとソトの境界をとりはらってみれば、山林を切り拓いてつくられているメガソーラー施設のようなものの意味も問わずにはいられないはずである（◈2－37）。

大分類	代表的な概念	建築・インテリアにおける施策の例
①環境的 サステイナブル	省資源	・建設時の省資材、再生材・再生可能材料利用 ・廃棄物削減 ・使用時の省エネルギー ・エネルギー使用効率のUP（夜間電力など） ・自然エネルギー利用（太陽光、風、地熱など）
	低炭素対応 （LCA）	・建設時の省エネルギー ・使用時の省エネルギー ・解体時の環境負荷削減 ・再生可能エネルギー利用
②社会的 サステイナブル	社会問題対応	・多様性の許容（バリアフリー、フェイスフリー、ユニバーサル、LGBTQ等） ・労働環境 ・変化への追随。更新可能性
	社会認知性	・倫理性——社会的な正当性を示し、維持する ・主張性——コンセプトの表明、影響力 ・社会貢献
	都市対応	・都市的コンテクストへの対応、連動 ・地域貢献 ・都市環境への寄与
③経済的 サステイナブル	低コスト （LCC）	・建設時のコスト削減 ・使用時のコスト削減 ・解体・廃棄・更新時のコスト削減
	資産性	・更新可能、転用可能。一般性、汎用性（流通性） ・低劣化、メンテナンス性 ・建築意匠価値（文化性） ・商業意匠価値（シンボル性、広告性） ・セキュリティ
	高生産性	・空間利用効率（有効率） ・時間的有効率（夜間利用など） ・動線・設備の効率 ・良好な執務環境（企業側の論理として） ・柔軟性（計画・設備）

大分類	代表的な概念	建築・インテリアにおける施策の例
④人間的 サステイナブル	快適性	・光・温湿度・音などの環境の最適化 ・IT 環境の最適化 ・緑化・眺望などのアメニティ。居住空間・環境の充実 ・多様性の許容（個人差）
	健康性	・シックハウス、化学物質問題への対応 ・高機能な建築・設備 ・身体・精神の健康へのケア
⑤ハードウェア的 サステイナブル	保存・安全性	・耐久性 ・構造強度、地震対策（耐震、制震、免震） ・耐火、避難安全 ・維持管理の容易さ
	更新性	・建築空間の更新性（増改築、内装） ・設備の更新性 ・社会・経済変化への追随

◆ 2-36　建築・インテリアにおける主要なサステイナブル概念

◆ 2-37　原生林を切り拓いてつくられたメガソーラー施設（沖縄県）
このような風景はいま日本各地で見られる

第三章

超インテリアの思考

超インテリアと総合性

「空間」からどうやって抜け出すか

本書ではしばしば「空間」という言葉を用いてきた。建築やインテリアの業界ではきわめて日常的に使っている言葉なのだが、それがなにを意味するのかは意外と説明しにくい。物理的になにもない状態を示すこともあるし、壁などで仕切られた領域を示すこともある。また抽象的に意識がひとつながりに広がっている範囲を示すこともある。哲学、数学、物理学などの各分野でもそれぞれいろいろな局面で定義され、用いられている。

建築デザインの世界で今のような「空間」という言葉がさかんに用いられるようになったのは20世紀、近代建築の大きな潮流のなかでのことであり、それは都市や社会を象徴する権威をもった存在としての「建築」という概念、あるいは19世紀まではその形を決定するための基準であった「様式」という原理などに対する対語としての役割も担っていた（▼3－01）。つまり「空間」というなにもない部分でおこなわれる活動こそが建築の存在意義を担保するものであるとされ、「空間」を効果的に形成することが「機能」（P237参照）と呼ばれたのである。

近代よりも前には、人々が自身の生活の基盤となる環境をイメージするとき、それが街の中心にある大聖堂であったり、自宅や周囲の建物の外観であったりすることが「建築」を権威づけていたのだが、その環境イメージが「空間」という概念に置き換えられたとたんに「建築」の中心性は揺らぐ。「空間」はもちろん建築の内部を意味することもあるが、あらゆる場所や地域、イベント（出来事）までもその意味する対象とすることができる。その視界の自由さは超インテリアの思考とも親和性が高いといえるだろう。

また現実の空間を階層的に区分けする言葉として「都市」、「建築」、「インテリア」も頻繁に用いてきた。これらの言葉が並べて使われる場合に想起されるのは、都市という枠組みのなかに建築があり、建築という枠組みのなかにインテリアがあり、それぞれ上位の枠組みのなかで表現が成立する、というシステム概念である。システムなので、「都市」と「建築」、「建築」と「インテリア」のあいだにはそれらを区分する境界がある。そういった区分とシステムを、これらの言葉は意識させる（▼3-02）。

これをはじめとして、私たちが日々を過ごす空間はさまざまな構成理念とそれにもとづいたルールに従ってつくられている。住宅地や商業地といった都市のエリア構成、建ち並ぶ建築の高さや屋根の形状、主要な道の広さ、平均的な住宅やその土地の大きさなど、あらゆるものは多かれ少なかれ人の手によってつくられたルールや通念の影響を受けている。海外に行くと感じる都市空間の非日常性は、主としてそのルールの違いに起因している。

そして、自身の暮らしている空間のシステムが本当に良いものなのかどうか、評価することはなかなか難しい。もし都市・建築・部屋という階層化された空間区分がない状態に身を置いたら、ほとんどの現代日本人はどうふるまえばよいかわからず、落ち着かない気持ちになってしまうだろう。人がそこで生まれ、育つということは、その空間に順応できるように自己の感性を形成するということでもあるため、結果として生まれ育った空間のシステムは自身が生きていきやすい、快適な環境ということになってしまう。そしてそのように形成された感性をもつ人々によって、既存のシステムに則った空間の生産が繰り返され、システムは強化され続ける。容易には抜け出せないこの仕組みを「空間の支配性」と呼ぶことにする。

現代日本社会における建築、都市をはじめとしたあらゆる現実空間の価値の不安定さは、大局的には近代社会が確立してきたシステムのなかでの文明開発が限界に達しつつあることに起因する。したがってこのシステムがしだいに崩壊していくことは必然であり、その発露ともいえるさまざまな事象を私たちは一、二章でも考察してきた。しかしそのような変化に対して、旧システムにつくられた感性を適応させることに懸命でいるだけで、はたして自身の幸福に結びつく価値を獲得することができるだろうか。そして私たちは、少し手をのばせばその枠組みにもアクセスできるのである。超インテリアの思考は、「空間の支配性」を能動的にのりこえる道筋を示しうるものであると考えている。

もちろん「空間の支配性」はなかなか手ごわい。たとえば建築法規が定める、道路幅の1・5倍という建築高さ制限、あるいは床面積の1／7以上の面積の窓を設けるという採光基準、1・1m以上と定められた手摺の高さなどが、本当に現代日本のすべての生活者にとって快適な空間を与えうる数字なのか検証したいと思っても、それを逸脱した違法な空間をつくって住んで比較することなどはできないため、なかなか検証しえない。このような法規制はひとたびできてしまうと、人の感性による実地検証で修正していくことが難しいのである。

ところが実際には、人の感性以外のさまざまな理由で、建築法規はしばしば改正されている。大きな地震や火事などの災害に反応した耐震や耐火規定の強化、景気活性化や建築ストック活用のための規制緩和、高齢化社会に対応したバリアフリー、地域活性化、あるいは建築関係の違法行為に対応した手続きの厳格化、さらにはシェアハウス、民泊などの新しい用途概念の組み込みなど、主には社会的・経済的な観点からの修正である。これらはもちろんすべて重要な社会問題への対応ではあるが、広範な外力は相矛盾する論理をもっていることも多い。たとえば安全や健康の原理と経済原理がかみ合わないことなどは容易に想像がつくだろう。そしてそれぞれが複雑に作用した結果、全体としては理念のぼやけたルールで、建築・都市はつくられ続けている。

美しく快適な街並みをつくるために定められていたはずの建築の高さ制限が、経済や政治的な理由で次々と規制緩和されてしまった結果を、私たちは都市部で日々目にしている（◈3―01）。これこそが社会の映し鏡である都市の姿であるという言いかたもできるだろうが、なかなかすぐには納得できない気持ちのほうが強いのは、こういった都市のカオスが、そこで日々を過ごす生活者の感性とは直接関係のない原理で生まれているからだろう。本来、外力による変化は「空間の支配性」を超えた検証の稀有な機会ともなりうるものなのだが、このように感性との連続性が断たれた変化は、かえって都市や建築空間に対する感性の停滞や迷走を生むばかりである。

「建築の大気圏」と「考現学」

この問題意識において、「建築」や「空間」の価値を切り捨ててしまうような新時代論は意味をなさないだろう。従来の価値を定義していた枠組みをのりこえるためには、その枠組みを捨て去ることではなく、その枠組みの内外に連続性をもたらすことこそが必要だからである。そこで本書では「建築」という概念の少し外側を「建築の大気圏」と名づけ、そこにあるさまざまな事象を観察することで「建築」の枠組みに揺らぎをつくることを試みてきた。

実はこのように建築からその外側へと視線を拡張していく思考法には、偉大な先例がある。建築学、民俗学の研究者であった今和次郎が関東大震災後のバラック建築の研究にはじまる一連の都市風俗調査を総括して1927年に提唱した「考現学」から、本書の着想は大きな

◆3-01　東京、銀座の街並み
かつての銀座はビルの高さがすべて揃っていたのだが、中心市街地活性化を目的とした規制緩和で、さまざまな高さの建物が建ち並ぶ風景へと変化し続けている。それぞれの高さにはその時代を映す論理が存在するが、その論理同士のあいだには連続性が存在しない。それがそのまま風景化している

影響を受けている（▼3—03）。考現学の調査対象は、飲食店の分布や旅館の部屋のつくりのような都市や建築に関係するものから、街を行き交う人々の服装や会話内容、茶碗などの一般風俗的なものに及んでおり、後に続く生活学、風俗学、社会学といったものに多大な影響を与えた。もちろん後の建築計画学にも影響は与えたが、考現学は必ずしもそのような影響を直接的に意図しているものではなかったように見受けられる。考現学の端緒となった関東大震災は悲劇的な災害であったが、その大破壊はさまざまな新しい価値が誕生する起点でもあった。考現学グループのメンバーたちはその大きな変化が生みだす事象に心惹かれるまま、ひたすらに採集していたのである。

また後の大戦においても東京をはじめ日本各地の都市が大きく破壊されたこともあって、その後の日本は人類史上類を見ないほどの建築市場を有してきた。そして巨大に膨れ上がったその建築市場をそのまま継承してきてしまったことが、現代の「建てるべきではない」状況を生みだしたともいえるだろう。勢いよく「建てる」という一方向に向かってきた時代が、終わりに向かう姿を明らかにしつつあるのである。

２０１１年の東日本大震災によって住居に住めなくなったなどの理由で転居した世帯数は約33万世帯とされているが、その時点で日本には約８００万戸の空き家があった（▼3—04）。明らかに建築は供給過多となっている。関東大震災からちょうど１００年を経ようとしているいま、逆方向のような市場展望ではあるが、建築の基盤となる環境が大きな変化を余儀なくされているという点では共通している。おそらく今和次郎もそうであったように、新たな時代の兆候が輝きを放ち始めているなかで、既存の枠組みの「建築」だけを見つめている場合ではない、と思わずにはいられない。

ただし今回は関東大震災や戦災のような空間の大破壊がおこっていないため、新しい価値観の模索は、まず「空間の支配性」をのりこえるところからはじめなければならない。そこで考現学の観察対象よりも建築とのつながりが強い「建築の大気圏」に注目したのである。

「インテリア」――表現の下部構造と上部構造

「建築の大気圏」への注目が、私たちの思考における「建築」の枠組みを解体し、「空間の支配性」をのりこえるためのものであることを前項で述べたが、本書の主題につながる「インテリア」という言葉は、まさにその「建築の大気圏」を象徴するようなものといっていいだろう。それはきわめて身近に感覚される馴染み深い言葉であり、また「建築」と「建築でないもの」のどちらともいえる曖昧さをもっている。「インテリア」が部屋や内装を示すときにも、それが「建築」に属するものなのか、「建築の中身」にあたるものなのか、認識されかたはその時々によるだろう。また家具や日用品、さらにはライフスタイルのようなよりソフトウェア的なものまでもその言葉は包含できる。

序章の冒頭では「建築」と「インテリア」の関係性をスマートフォン本体とアプリという

図式にたとえて述べたが、実は「インテリア」と「生活」のあいだにも相似形の図式があるといえる。これらの関係性の図式において、「思考や表現といった活動を支える基盤となる枠組み」と「その枠組みのなかでのある自由度をもった思考や表現」はそれぞれ「下部構造」、「上部構造」と呼ばれる。この構造概念はもちろん建築やインテリアといった空間表現にかぎったものではなく、あらゆる表現物、存在物、そして思考や意識に対してもあてはめることができる。

スマートフォンを下部構造、アプリを上部構造と位置づけた場合の関係性を例に説明すると、私たちはさまざまなアプリによって多くの利便性を得ているが、これは上部構造のなかでの自由であるため、下部構造の枠組みを超えることはできない。アプリでさまざまな料理の情報や画像を見ることはできても、絶対にアプリから直接その料理を食べることができないのは、下部構造であるスマートフォンに料理をつくる機能がないためである。至極あたりまえのことのように聞こえるかもしれないが、「そんな当然のことは望まない」のではなく「なぜスマートフォンには料理ができないのか」と下部構造に思いをいたらせることから、もしかしたらいつか私たちの生活は一変するかもしれない。少なくともそのような、枠組みに制約された情報を受け取っている状態であると認識していることは重要である。

建築やインテリアのように実用性、機能性を求められるアートは「応用芸術」とも呼ばれ、

◆3-02　古代ローマの景観図のギャラリー（ジョバンニ・パオロ・パンニーニ、1758年）
この絵画は、あらゆる表現が下部構造をもつことをあえて意識させるように意図されたものである。ローマの遺構を描いた絵画がぎっしりと設置された古典的建築物。下方の絵画は額にはまって置かれているが、上方にいくにしたがって絵画は建築と一体になっていく。表現と下部構造の関係を多重的に描いた空想画

それに対して絵画や彫刻のようなアートは「純粋芸術」と呼んで区別される。純粋芸術では、その表現の下部構造があまり制約とは考えられないことが多い。絵画を見るときには「それがキャンバスに絵具で描かれたモノである」ということよりも、その絵に表現された世界に意識を集中させられることが多いだろう（◆3-02）。

ところが建築やインテリアの場合はそうはいかない。これらのような応用芸術の表現には否応なしに下部構造が強く影響する。「下部構造」は英語でいうと「インフラストラクチャー（infrastructure）」だが、「インフラ」という言葉から、電線や上下水道、道路などの都市基盤をイメージする人は

多いだろう。建築の形態や仕上げにはそのような都市インフラだけでなく、その時代と場所の文化、技術、経済、気候などさまざまな下部構造が色濃く影響している。つまり応用芸術である建築・インテリア表現は、自動的に先ほどのパンニーニの絵画のような多重性を備えているともいえるだろう。ゆえに下部構造に縛られつつもその存在を顕在化させ、それに対する批評力をもちうるのである。

また先述のように「インテリア」は元より、「建築」という下部構造に対する上部構造、「生活」という上部構造に対する下部構造という表現図式における曖昧な存在感をもった言葉である。このイメージの特性を拡張することで、それは「建築」と「建築の大気圏」にあるさまざまな事物とのあいだに思考の連続性をもたらしうるだろう。

「インテリア」を環境イメージへと拡張する「超インテリア」

「インテリア」という言葉をピックアップしたもう一つの理由は、本書でも観測してきたインテリアの時代の到来の気配である。

永きにわたって、人々が自分たちの置かれている空間環境の質、あるいは自身の属する空間と社会との関係性について思考、批評しようとするとき、その思考基盤となる役割は「建築」という言葉が担ってきた。それは建築が、個々の生活・活動という上部構造、都市や社会といった下部構造のどちらも受けとめうる包括性をもった表現形式であったためである。

しかし序章でも述べたように、さまざまな理由によって、現代日本における「建築」という枠組みの価値はゆらいでいる。

「建てるべきではない」社会において、建築はまず自身が建てられることの正当性を説明しなければならない。それでは思考や批評を受けとめる基盤としては一般性をもちにくいだろう。もちろんそれが芸術的な表現行為である以上、建築表現という分野の内部からの革新の可能性は常にあるのだが、それを社会と共有するハードルはかなり高い状態なのである。


私はこれまでも建築表現についてのさまざまな論考を著してきたが、特に近頃は「建築」という思考基盤のなかで建築を批評するという行為が自身の日常のリアリティから離れていくことを強く感じていた。そして見回してみれば、世の中の人々はすでに自らの生活を取り囲む空間環境を「建築」とは違うモノやコトによって実感しているように思われた。それは外部から強制的に私たちの行動を制約するようなものではなく、自らの望むように見えかたも使いかたもカスタマイズ(設定調整)できるような空間環境のイメージである。

これにはもちろん、スマートフォンや情報通信をはじめとしたさまざまな先端技術がもたらす利便性が、建築や都市による制約の多くから私たちを解き放ったことが大きく影響している。街に出かけたとき、グーグルマップに「パスタが食べたい」と言えば、たちどころに該当するあらゆる店舗に目印がついた地図が表示されるだろう。交通移動においても、道路や鉄道などの複雑な交通網の全体像ではなく、目的地に向かう一筋の経路のみが示される。さらには出かけることすらしなくても、ネット上の仮想の店舗でかなりの用事を済ませることができてしまう。このように都市にあるあらゆる事物に、情報がオーバーレイされる。このとき示されるのは個人の欲望に応じてカスタマイズされた都市の姿であり、このカスタマイズのフィルターを通して得られるイメージこそが、私たちにとっての都市という空間環境そのものとなりつつある。

主観によるふるまいが許容されるそのような空間イメージは、「建築」や「都市」よりも「インテリア」に近いだろう。「インテリア」もまた日々の活動の背景基盤となるものだが、先述のように日常的な意識において下部構造、上部構造のいずれにも分類しきれない曖昧さをもっている。それは枠組みでありつつも、手をのばせば操作できる存在である。そして自身のアイデンティティは社会という大きな枠組みによって定義されるものではなく、身近にあるモノやコトによって自ら定義するものであるという意識においては、「インテリア」が包括できる家具や家電製品、雑貨、食器、そして本棚に置かれた本や壁にかけられた上着なども、明らかに空間環境の一部として思考の対象とならなければならないのである。

とはいえこれまで主として「建築内装」を意味してきた「インテリア」という言葉は、「建築の大気圏」の事象のひとつとして薄皮のように建築という概念の少し外側にはりついている。そこでその射程の広がりをより明確に表明するために、「建築」と「建築の大気圏」のなかを自由に遊泳することができる「超インテリア」という言葉をここに提示した。

ここで忘れてはならないのは、「超インテリア」が、建築から連なるあらゆる事物を包括するような客観性をもった空間イメージではなく、自身の居場所としての「インテリア」を拡張したものであるということである。それは「建築」と「建築の大気圏」を俯瞰するなかから自身の欲望によって任意に拾いあげた事物で構成した、プライベートな環境イメージなのである。

次はこの俯瞰による判断をおこなうための力である「総合性」について考察したい。

「総合性」と「普通さ」

近代社会の利便性は高度な技術や社会のグローバル化がもたらしたものである。しかし科学があまりにも急速に進化し、また世界が一気に広がったことによって、そこに暮らす一個人が自身のいる世界の仕組みをきちんと理解したうえでその利便性の恩恵を受けるということは難しくなった。もちろんそれぞれの分野ごとにその領域で理解度の高い専門家は存在するのだが、あらゆる人がそれらのすべてを理解することなどとうてい無理である。そこで一般の生活者はその専門性の領域に対する理解をあきらめ、無知なる受益者という立場を受け容れた。発電や送電のシステムもほとんど知らないままに電力に完全依存して生活し、どうやってつながっているのか原理もわからないスマートフォンに自身の重要情報の大半を預ける。たいして不安も覚えずにそういったことができてしまうのが、近代的な感性なのである。

専門性の分野というものはきわめて多岐にわたり、「○○学」というような学問分野や「○○界」というような専門家の集合などが世の中に無数に存在する。それぞれの専門性分野には議論の基盤となる論理体系があり、そのなかで高度に深化し続けている。それらは一定の範囲に限定された論理体系であるため、対象となる事象に対してその時点での解答を論理的に導くことができる。これが専門性のもつ判断力である。

しかし地球環境の論理と経済の論理、都市の安全性の論理と効率性の論理など、そう簡単にひとつの像を結びえないような相矛盾する論理が無数に錯綜する社会において、すべての専門性を束ねて論理的なひとつの解答に結像させることなど不可能であることはいうまでもない。それでは人類社会はなにも判断できなくなってしまうのかというと、もちろんそうではない。世界は混迷してはいるが、常になんらかの判断をし、動いている。私たちはそのような状況でも答えをだすことができるのである。

たとえば今日の夕食になにを食べようかと考えるとき、最近とったすべての食事の情報や、自身や家族の健康状態の詳細、全財産の状況などを分析しなくとも、誰でも毎日、なんらかの答えをだしている。夕食をとりまくさまざまな文脈の全体をぼんやりと把握して、即座に、なんとなく、従うに値する答えをだすだろう。このように多くの文脈が複雑に錯綜するなかで、そのすべてを理解することはできなくとも全体を俯瞰し、論理を超えて判断する判断力をここでは「総合性」と呼ぶ。

近代社会システムはこの「専門性」と「総合性」の分離によって成立してきた。そしてある対象や論理を深く探求し、論理的に新しい地平を切り拓いていく「専門性」と、それらの集積体である社会全体を制御する「総合性」の判断力が精妙に連携することこそがこの複雑な社会システムを前に進める唯一の方法論であるということもまた、近代社会の共通認識といえるだろう。

ここまで本書では「専門性」の対語として「普通さ」という言葉を用いてきたが、それでは「普通さ」＝「総合性」なのかというと、必ずしもそうとはいえない。一般社会の普通の感覚である「普通さ」が、もしさまざまな「専門性」を俯瞰することを放棄し、視野の狭い判断しかできなくなってしまっているならば、その「普通さ」は「総合性」の質を備えていない。それが民主制の社会である場合、主権者たる人々が日々の表面的な利便性や楽しさを享受しつつ、その下部構造のことをまったく考えようともしないならば、その社会は総合性による制御を失っている状態だといえるだろう。

近年、格差問題、環境問題、原子力問題など、白紙委任していた専門性のもたらした綻びが、近代社会システムの限界を顕在化させつつある。先述のようにSDGsに掲げられるような諸問題の多くは近代以降に人類自身が生みだしたものである。その背景には、この「総合性による制御の喪失」がある。

社会的議論基盤の喪失と「中間集団《アソシアシオン》」

日本社会からこの総合性の判断力が失われてしまったことには、さまざまな背景があるだろう。専門性の技術や論理があまりにも高度に熟成しすぎてしまったこと、自由主義経済・商業主義の性質として表層的な刺激を追求しがちであること、また現在の日本が比較的安定していて平和であることも専門性への無関心の原因かもしれない。そして日常から切り離された専門性は、私たちの生活基盤を規定しつつも思考の対象とならない、下部構造的な存在となってしまっている。

政治や経済が危機的な問題を起こしたときや破壊的な災害や事故などが起きたとき、あるいは大きな科学的革新や発見があったときなどには、それをマスコミが大きく報道し、社会的議論が巻き起こるのだが、その議論が専門性と総合性の対峙、すなわち専門分野の業界論理と一般社会の総合性とが真剣に向かい合うような構図にいたることはなかなかない。ほとんどは専門性と「普通さ」によるかみ合わない議論に終わり、専門性と総合性が同じテーブルで議論するための場も言葉も、いまの私たちはもちえていないことを痛感させられるばかりである。マスコミを通じて発信される専門家の解説や有識者のコメントのような情報をある程度無条件に信頼できるものとして受けとめられる感覚は、近代における社会と情報の民主化の賜物といえるだろう。しかし、その信頼の恩恵である情報効率の良さは、流れてこない情報への無関心、思考の停止、すなわち総合性の喪失にもつながっている。

民主主義社会におけるこのような社会的議論の基盤の喪失は、200年近くも前にすでに予言されていた。19世紀前半期のフランス人政治思想家であるアレクシ・ド・トクヴィルが、当時新興の民主制国家であったアメリカを視察してまとめた著書『アメリカのデモクラシー』は国家の民主制についての古典的名著とされている（▼3−05）。そのなかでは民主制国家が本質的に「国家権力の増大」や「多数者による専制」に陥るという危険性が予見されているのだが、そのような危険な傾向に対抗する手段として、社会における「中間集団（アソシアシオン）」の存在もあげられている。これは政党や市民団体、その他さまざまな主義主張や宗教、趣味嗜好などによって自主的に形成される組織的集団であり、その集団が内部の濃密なコミュニケーションによって社会的な強度をもった意見を形成する。こうして中間集団が、個人という単位に分解された市民と社会を媒介する存在となるという主張である。

さらにあまりにも先見性にすぐれたトクヴィルは、そのような中間集団がやがてマスコミュニケーションの強大化によって機能しなくなることもまた予言している。そこで示された、民主制国家において市民が「個人化」し、その結果、市民たちの手によって社会の意思がつくりだされるというシステムが崩壊してしまう危険性は、本書でくりかえし述べてきた、総合性をもたない「普通さ」の危うさに通じるものである。

表現における「普通さ」の趨勢

いま建築・インテリアといった空間表現には、「普通さ」に向かう大きな潮流が生じている。本書でもそれをさまざまな現象としてとりあげてきた。それは近代において専門性が構築してきた生活空間のさまざまな不具合や居心地の悪さに対する自然な反応であるとも、あるいは、空間表現の芸術性がコマーシャリズムの短絡的な消費原理に敗北した結果であるともいえるだろう。とはいえ、もちろんただ普通なだけのものは表現として評価されないため、「普通さ」の表現者たちは、「普通さ」の範囲内における抑制のきいた差異によってなんとか表現を成立させている。

たとえば東京の中心商業エリアに行くと、そこには有名建築家たちによってデザインされた際立った外観のブランドショップや複合商業ビルが建ち並んでいる。しかしそれらのアート的な外観デザインの大半は、内部にある店舗のレイアウトにはほとんど影響を与えていない。体積を持たない薄い表面に表現要素を集中させ、表現を完成させているのである。これはいわば「看板」と同様であり、商業的な論理という下部構造にはまったく踏み込まず、その論理が芸術性を求めてきた部分のみで完結する上部構造表現である。既存の価値観に抗わない範囲で表層的な芸術性を競うこのようなデザインのなかで高い評価を得たものを、ここでは「普通の上《じょう》」と位置づける。

アートは本質的に新しい価値を創造することを志すものであるため、既存の価値観の枠におさまらない。つまり「普通ではない」ものである。当然、その評価も受け手によってさまざまに分かれることになる。対して「普通の上《じょう》」の場合は、全体としては「普通さ」の枠内にありつつもアートの気配という付加価値を与えてくれる、安全な疑似冒険のような娯楽性をもつため、当然一定の評価は得やすい。もちろんこの付加価値は「アート」でなくともよく、技術という付加価値が高い場合の「普通の上《じょう》」は、「高品質」や「高機能」といった言葉で評価されることになるだろう（◈3－03）。

第一章で木質材料の高性能化、あるいは木を模した建材に触れたが、これらのような高性能建材もまた「普通さ」のデザインを支えている（P60参照）。もし本物の木を生のまま建築に用いるならば、それは自然物である木というものの本質と人の営みである建築とを向かい合わせ、その表現に多面的な深まりを与えるだろう。しかしそれは同時に戦いの始まりも意味する。建築主は、汚れる、傷がつく、変色する、変形する、腐る、虫に食われる、といったさまざまな自然現象に対応していくことが必要となるのである。「普通さ」は、そのような危うい戦いに建築主をあえて巻き込むようなことのない安全領域でなければならない。し

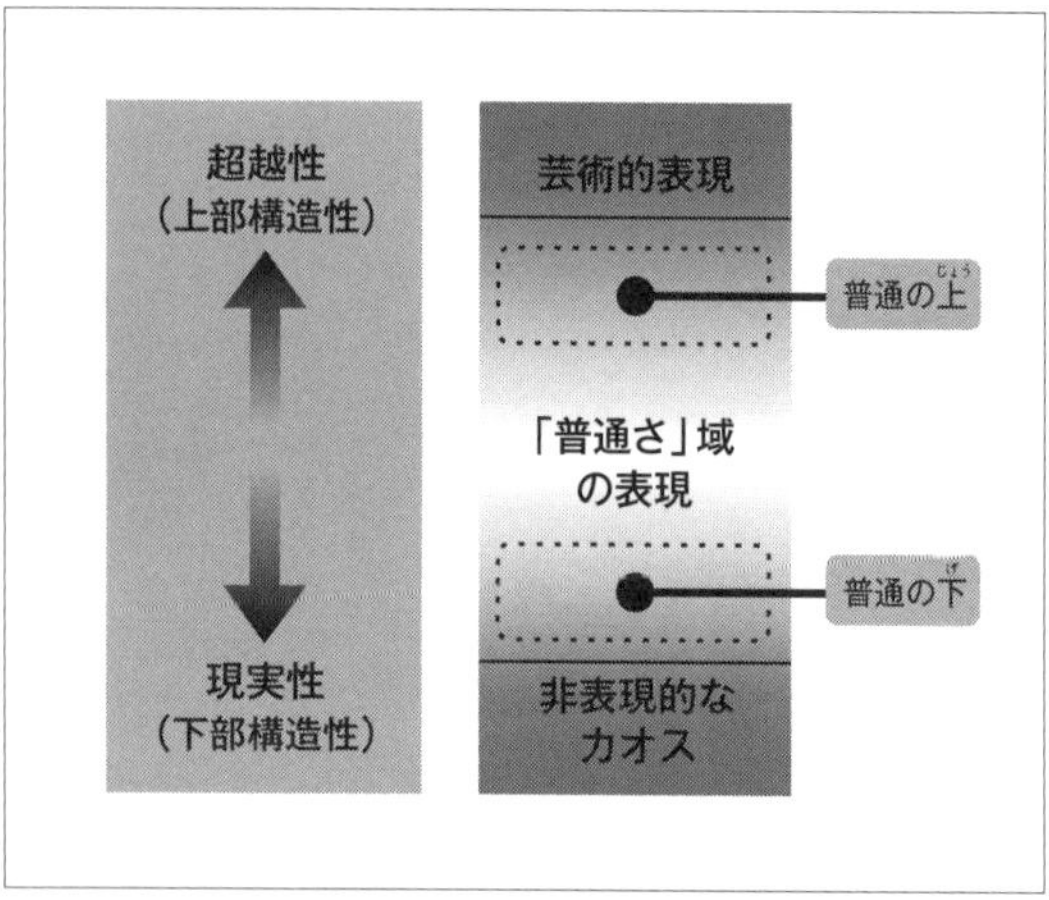

◆3–03　表現における「普通さ」領域の概念　「普通の上」「普通の下」の表現は、普通を逸脱した領域を意識しつつも、自覚的に「普通さ」にとどまり続ける

たがって「非物質化」した高性能建材が目的に適うことが多いのである。

　また「普通の下《げ》」の領域も活況を呈している。建築の再生や地域活性化など、複雑に込み入った問題をかかえる状況のなかで空間表現が役割を果たそうとするプロジェクトには、こちらに属するものも多い。「リノベーショナリズム」の表現様式も、主としてこのような状況のなかから生みだされたものである。

「普通の下《げ》」の下方で「普通さ」を逸脱した世界には生々しい社会のカオスが広がっており、そこでは表現行為自体が価値をもちにくい。そのため「普通の下《げ》」にとどまることはむしろ、社会のカオス領域に積極的にアクセスするという表現姿勢であるともいえるだろう。「普通の下《げ》」の表現がそなえる付加価値は、それまで表現の構成要素とは認められにくかった「地域」「コミュニティ」「住民」「個人」「経済」といった状況自体をデザインし、発信することである。地域や状況に密接に寄り添い、モノよりもコトや場のデザインを重視するような新しい建築職能像は、「品質」のような概念とは対極的な価値観を生みだしつつある。

建築における「普通さ」の表現は、社会に総合性をもたらす種ともなりうる一方で、安全な疑似冒険の快楽への安住、つまり文化的停滞の危うさも併せもつだろう。これは都市における「汎日常化」の現象として観測できる。

先ほどの中心市街地にある有名建築家たちによってデザインされた「普通の上《じょう》」表現のブランドショップから少し視界を広げてみると、その周囲にはきわめて日常的な安ドラッグストアやファストフード店も並んでいる。この日常とも非日常ともいえない、中途半端に演出された都市景観は、単なる無秩序の結果ではない。コマーシャリズムと消費者の呼応によって生みだされた、心地よい「汎日常空間」なのである。

建築空間でいうと、ショッピングモールが与える感覚もそれに近い。大きな吹き抜けをはさんで終わりが見えないほど延々と明るく楽しげな店が並んでいる風景は、特別な消費意欲を喚起するものである（◈3-04）。しかしよく見てみると売っているものはそんなに特別な

◇3-04　ショッピングモールの内観
ブランドショップと100円均一ショップが平然と並ぶ。大きく弧を描くアトリウムは、施設構成をすべては見渡せないようにすることで空間が延々と続いているように思わせるという、ショッピングモール設計の定番手法

ものとはかぎらないし、ごく日常的な事物も多い。アミューズメント・パークや劇場のように完全に非日常的な体験を与える空間ではないが、日常の延長にありながら少し特別な祝祭性を感じさせる空間を、「拡張した―」という意味の「汎」をつけて「汎日常空間」と名づけたい。このような空間がいま、都市に急速に広がってきているように思われるのである。商業施設だけではない。美術館、図書館、庁舎、病院にまでも、ショッピングモールのような印象を備える汎日常化の傾向が見られる。

このような都市空間の汎日常化は、総合性を失う方向にむかう「普通さ」の危うさをよく示しているものといえるだろう。そして汎日常空間は「普通の上《じょう》」や「普通の下《げ》」の表現も貪欲に取り込み続ける。その汎日常化の回避のためには、「普通の上《じょう》」や「普通の下《げ》」の表現が「普通さ」の辺境にアクセスし続けることが必要であり、そのようなアクセスの基盤、すなわち総合性と専門性が真剣に対峙する場がなくてはならないのである。

「空間をつくる」という場は総合性の基盤となるか

『アメリカのデモクラシー』の論説には二種類の中間集団《アソシアシオン》が登場する（P226参照）。ひとつは「政治的中間集団《アソシアシオン》」であり、これは政治的な主張の表明と影響力行使を目的とした組織集団である。もうひとつは「市民的中間集団《アソシアシオン》」であり、これは政治的目的を持たない、日常市民生活に関連してつくられるあらゆる種類・規模の組織集団である。そして民主主義社会において「市民的中間集団《アソシアシオン》」の喪失は、人間社会、あるいは文明そのものの危機に直結するというのが、トクヴィルの危惧であった。

個人が孤立し、マスコミュニケーションによって世論がつくられてしまう現代において、そのように強い意志を共有する中間集団《アソシアシオン》が形成される機会はなかなかないだろう。しかし現代社会にも、多くの社会的資産が投入されつつ、人々が協働し、ひとつの目標に向かっていくという場はもちろん存在する。公共性の高い建築や空間をつくるというプロジェクトなどはその典型であるといえるだろう。ところが残念ながら、現在の日本における公共建築のプロジェクトが「市民的中間集団《アソシアシオン》」のような社会的議論の場となることがきわめて稀であることはご存じのとおりである。ではどのようなプロセスであれば、そのような場は生まれるのだろうか。

序章で書いた《国立競技場》の建設問題でも、マスコミや市民集会などの場において建設費や景観の問題などはかなり議論されたのだが、結局はこの建築と設計の価値について専門性と総合性が本質的な議論をするにはいたらなかった（P17、P20参照）。それどころか専門家と一般社会がそのような議論をするための共通の言葉すら私たちの社会はほとんど失ってしまっているということを思い知らされた。騒動の末に建てられた建築は、はたして社会が議論し、合意した結果といえるものになっているだろうか（P64◆1－17）。

とはいえ、2年以上も国民の強い関心を集め、社会的な大騒動が続いたということは、建築をつくるという行為の「市民的中間集団《アソシアシオン》」としてのポテンシャルを大いに感じさせる事実である。残念ながら《国立競技場》は当初のコンペ案が実現することはなかったが、その失敗の側面だけでなく、この建築のプロセスがなぜこれだけ社会を巻き込むことができたのか、ということも検証する必要があるだろう。

新国立競技場問題が大きく取り沙汰されたことには、2020年（実際には2021年に開催）の東京オリンピックへの社会的関心の高さだけでなく、それが「基本構想国際デザイン競技」、いわゆる「コンペ」ではじまったプロジェクトであったことも大きく影響している。コンペというプロセスの公開性がなければ、その計画条件の問題性はここまで明らかにされなかっただろう。

コンペは、空間をつくるプロセスにおいて「市民的中間集団《アソシアシオン》」を形成する力をもった手法のひとつであると考える。コンペという形式で建築プロジェクトがはじめられると、最初に建築・空間のヴィジュアル・イメージや基本的なスペックが社会に共有されることになり、その共有されたイメージがプロジェクト推進の核となる。

近代以降、世界で大きな話題となったコンペ建築のひとつにシドニーの《オペラハウス》がある。さまざまな紆余曲折があってコンペから建築の完成まで16年、最終的な工事費は当初の予算の約14倍という気の遠くなるようなプロセスとなったが、それでも最後までたどりつけた強力な原動力として、最初に示された華麗なデザインを実現したいという市民たちの思いがあった（◈3－05）。

このように建築・空間をつくるというプロセスがコンペのような発信力を伴った透明性を備えれば、それは専門性と総合性が対峙して議論する文化的な場、すなわち中間集団的コミュニケーションを生みだすポテンシャルを十分にもっている。

ではインテリアをつくる、リノベーションという場はどうだろうか。AIの項でも触れた

◆3-05　オペラハウス（設計：ヨルン・ウツソン+ピーター・ホール、1973年、オーストラリア）
外観のシンプルな造形美に対して、インテリアは意外なほど複合的な造形構成。これは設計者が途中交代していることによる。それも含めて個に帰さない、社会がつくった建築という雰囲気が漂う

が、一般にリノベーション設計は「リアライズ」としての性格が強いことが多い（P189参照）。既存の空間に生じている用途上あるいは性能上の問題を解決する、というようなプロジェクトでは、建築構造・設備などの既存物という前提条件、直面している問題意識、成果の良し悪しの判定、といった条件やプロセスの詳細が、建築主と設計者・施工者とのあいだで視覚的にも定量的にも共有されやすい。また建築に比べると費用も小さく完成までの時間が短いため、同じ空間でリノベーションが繰り返されることもよくある。これらの特徴はすべて、専門性と総

合性のコミュニケーションにおいて有効に働くものである。ゆえに超インテリアの時代の到来と「普通さ」の趨勢は共鳴関係にあり、それが通俗の沼に陥らないかぎりにおいては、リノベーションという行為がもつ総合性の基盤としての潜在力は大きいといえるだろう。リノベーション・ブーム、そしてこれからおとずれるインテリアの時代は、日本の生活文化が総合性をとりもどす大きなチャンスであると考える。

ここまで見てきたように、超インテリアの思考のためには総合性の感覚が欠かせない。しかしいまの日本における「普通さ」の感覚は、間近に迫る大きな変化の足音に創造性をもって応答できるような総合性をまだ備えてはいない。その根深い障壁がなんであるのか、次に考えてみたい。

「機能」と「パッケージ」

建築空間における「機能」とはなにか

「機能」というのはきわめて一般的な言葉だが、建築デザインにこの語を用いるときには少し意味が重くなる。というのも近代以降の建築デザインの基本となる理念として、この

◆3-06《サヴォア邸》のリビングルーム（設計：ル・コルビュジエ+ピエール・ジャンヌレ、1931年、フランス）現代ではごく一般的な雰囲気のインテリアだが、近代以前の装飾的な西洋のインテリアとはまったく異なるものであった

言葉や概念がしばしば用いられてきたためである。「形態は機能に従う」、「住宅は住むための機械である」といった言葉が近代建築の巨匠たちによって提唱され、それらの理念はやがて「機能主義」と総称されるようになった（▼3-06 ◆3-06）。20世紀の西洋建築デザイン史は、前世紀より続く歴史引用の様式にはじまったが、シンプルさを特徴とする機能主義へのダイナミックな移行、機能主義の世界的な広がり、機能主義からの脱却を志向するさまざまな言説やデザイン潮流、といった、まさに「機能」を中心とした流れであったともいえるだろう。

「機能主義（functionalism）」は元々1920年代に文化人類学の用語として登場し、そこでは「機能（function）」の意味あいも一般的な理解とは大分異なったものであった。しかしおそらく科学的な語感が時代性に合ったため、社会学、政治学、心理学などの分野にそれぞれ異なった意味で「機能主義」という言葉が広がっていくことになる。建築やデザインの分野における「機能主義」はそのなかではかなり理解しやすいものであり、「そのモノの実用性や利便性などに従った合理的なデザイン思想」を意味している。

「機能」という言葉が建築にかぎらず近代デザイン全般で大々的に

◇3-07　アメリカ合衆国議会議事堂（設計：ウィリアム・ソーントン+トーマス・ウスティック・ウォルター他、1800年-1962年、アメリカ）長い時間をかけて拡張と改修が繰り返された建築。シンプルな機能主義デザイン時代の直前には、古典様式をはじめとする歴史的様式を引用するデザインの時代が100年以上もあった

用いられた背景としても、この時代性の影響は大きかったといえるだろう。産業革命以降、科学技術という下部構造の急激で圧倒的な進化にどのように追随し、その恩恵を取り込むか、ということに専心せざるをえなかった近代社会において、上部構造を担う形態デザインという分野はその存在意義すら脅かされるような危機感を覚えていた。建築では19世紀を中心に、過去の建築様式を引用するようなデザイン（新古典主義、歴史主義）の時代があったのだが、それもギリシア・ローマの古典様式をはじめとする評価の確立された様式の力を借りて、形態デザインというものの存在意義を社会に認めさせようという意識が作用した現象であったように思われる（◆3-07）。

その抵抗もむなしく建築表現はやがて合理化の波に呑み込まれていくことになるのだが、その過程において発明的に生みだされたのが「機能」という概念であった。デザインにおける「機能」の重視は、芸術の科学に対する敗北宣言のように聞こえるかもしれないが、実はその言葉を唱えた建築家たちが建築形態のもつ芸術性に否定的であったわけではない。むしろ「機能」という言葉を巧みに利用し

◇ 3-08　郵便貯金局（設計：オットー・ヴァーグナー、1906-1912 年、オーストリア）
シンプルで合理的な構成ながら、柱や壁の仕上げを固定するための金具（鋲、リベット）、空調の吹出口、照明器具、床のガラスブロックなど、用途をもった建築要素を装飾的にデザインに組み込んでいる

て、新しいデザイン手法を次々と生みだしていったのである（◆3―08）。

近代建築におけるデザインは、「機能」という言葉を用いることで、「下部構造の雰囲気を強くまとった上部構造」という活動域を生みだした。すなわち近代において複雑に増殖し続ける下部構造を「機能」というフィルターを通して反映することによって、一元的な合理形態に収束しない多様性の余地を確保したのである。たとえば建築内部での生産活動に対して、機械のように精緻に部屋を構成するという機能性もあれば、どのようなものも収容できるように均質で広い空間のみを用意するという機能性もありうる。鉄骨や合板などの工業製品を用いて四角い形状の建築を効率よくつくるという機能性もあれば、施工方法よりも使われ

◇3-09《ヴォアザン計画》模型写真（設計：ル・コルビュジエ、1925年、フランス）　実現しなかったパリの再開発都市計画。密集を避け、高層ビルの足もとに緑化された大きな空地を設けている。世界の都市計画理念に影響を与えたが、実際には、このような人間の生活環境を主軸とした機能性ではなく、都市機能の高度化を主軸とした機能性の原理でつくられた高密度都市のほうが主流となった

かたや収容物への最適化を優先して自由な素材・形状の建築をつくるという機能性もありうる。都市のスケールでも、都市機能の高度化のために高層ビルをぎっしり建てる機能性と、人間の尊厳や健康を重視してゆとりをもった都市をつくる機能性という、かなり異なった機能観にもとづく主張のあいだでの論争がくりひろげられた（◈3-09）。

「機能」は本来、下部構造との整合性を評価するはずの言葉である。しかし近代以降の建築デザインはこのように「機能」をいわば仮想の下部構造のように位置づけることで、圧倒的な下部構造優位の時代に上部構造の存在意義を確立した。それは一方で、本当の下部構造を見えにくくし、生活者の総合性を失わせるように作用してしまう面もあったように思われる。たとえば生活の快適さや利便性といった「機能」が必ずしも環境保全の観点から「機能」的であるとはいえない、というような矛盾をきちんと調停しなくても、「機能主義」建築は成立してしまうのである。

　現代都市における私たちの空間イメージは、このような仮想の下部構造である「機能」にかなり支配されている。戸建やマンション

といった「住宅」に住み、「オフィス」で働く、体調を崩したら「病院」に行き、買い物は「店舗」でする、というような建築の用途。家のなかでは「キッチン」「食堂」「寝室」といった部屋の種類に応じて行動する。都市のスケールでは「商業地域」「住居地域」「工業地域」といったエリア分けに従って開発が進む。これらの「機能」の名称はすべて法律でも定義され、その種別に応じて規制を受けている。そしてそのような空間で暮らす私たちの思考は「空間の支配性」によってその枠組みからなかなか抜け出せない。

しかし「機能」は下部構造を参照するものでもあるため、人々の意志とは異なったさまざまな要因によって変化し続けるものでもある。近代システムの綻びが目を逸らせないほどに大きくなってしまった日本社会では、本書でもその萌芽を観測してきたように、これから下部構造に大きな変化がおこるだろう。20年後の生活空間を想像してみると、ガソリン自動車はほぼ消滅している可能性が高いし、他にもデパートや書店をはじめとした小売店舗、テレビやパソコン、スマートフォン、ソーラーパネルなどの製品、鉄筋コンクリートやプラスチック（石油系）などの素材もなくなっているかもしれない。食料品にも大きな変化がありそうである。20年前には今のようなスマートフォンが存在すらしなかったことを考えれば、すべてありえないこととはいえないだろう。

このように大きな変化は、私たちの意識をふたたび下部構造にアクセスさせる。それは社会に総合性がもたらされる可能性をもつ局面でもあるはずなのだが、実は一概にそうなるともいえない。その問題について次項で述べたい。

パッケージ問題——「開けるな危険」

「機能」が仮想の下部構造を示唆する作用は、もちろん近代以降の自由主義経済・商業主義における仮想的な価値の生成と連動している。大量消費社会におけるモノの流通では、下部構造の気配を感じさせながら都合よく簡略化された価値指標を消費欲と結びつける手法が一般化した。日用品から高級品まで「○○を○○％配合し○○効果あり」、「○○の数値が○○以上」といった、その製品自体の性質の一部を切り取った「機能」を、あたかもそれこそが求めるべきものであるかのように主張することで、消費されるための価値を生成し続けているのである。

建築・インテリアも例外ではない。新築でも既存でも、nLDKといった間取り、床面積、主構造、設備などのスペックが表面を覆い、価値の大部分がその情報で決められてしまう。もちろん実際の建築や空間にはそれ以外のさまざまな魅力や特徴があるのだが、購入を検討する局面では、そういった数値化・客観化できない特徴は表面をびっしりと覆うスペック情報の向こう側に垣間見える程度の存在感となりがちである。

このように現代の商品とは、まったく中身が見えないブラックボックスというよりは、デザインされた情報としての「機能」に覆われた「パッケージ」である。「パッケージ」はただ複雑な内部を包み隠すだけでなく、作為的に変換された情報を表出させることで、本当の内部を知ろうという気持ちすら抱かせないように作用する。

またこのようなパッケージ化は、製品の高度化とともにどんどん進行していく傾向がある。家電製品、スマートフォンなどのIT製品、自動車、住宅、保険や金融などのサービスが典型的な例だが、そこに組み込まれている技術やサービスが複雑に高度化していくにつれて、内部機構も作動原理もどうせ理解できないものだという認識が供給者にもユーザーにも強まっていく。自動車が急に走らなくなったとき、昔のように自分でボンネットを開けてなんとかしようとする人は今や少ないだろうし、実際にユーザーが手をだせる部分もかなり減ってしまっている。そのうち自動車のボンネットにも電気製品のように「開けるな危険」という警告シールが貼られ、もちろんユーザーもそれに素直に従うことだろう。そしてパッケージ化された商品に対しては、当然、表出しているスペックに関すること以外のユーザーからの反応や改善の要望はない。こうして「ぐるぐるリアライズ」の製品が生産され続け、求められ続けることとなる（P189参照）。

インターネットやAIのような情報技術も、そのようなパッケージ問題を解決するものではない。社会にあるあらゆる種類の膨大な情報がきちんとストックされ、求めれば容易に必要な情報を取りだすことができる、という高度な情報技術と情報の民主性に対する信頼感は、私たちに、多くの情報を知ろうという能動性ではなく、必要となるまでその情報を知らなくてもよいという受動性を定着させてしまった。つまり高性能な情報環境こそ、「普通さ」が総合性を失うことを助長しているともいえるのである。その結果私たちは、膨大な情報のストックを前にしても「なにを問いかければよいか」を考えることができず、ネット上に用意された情報へのポータル（入口）サービスに導かれ、パッケージ化された情報世界を体験することしかできなくなってしまっている。ポータルサービスだけでなく、インターネット検索や生成系AIなども典型的なパッケージ製品であるといえるだろう。

それでは、あらゆる商品やサービスの「パッケージ」が際限なく仮想性を高め、情報を限定していく方向に向かうのかといえば、どうやらそうはならないようにも見受けられる。物理的に身体を有する人間が仮想世界のみでは生きられないのは当然であり、私たちは日常的な人やモノとのコミュニケーションにおいて、常に仮想性と現実性をミックスし、そのバランスを調整しながら生活している。自宅のテレビで世界のニュースを見ながら食事をしたり、ネットで情報検索しながら旅行したりといったように、仮想と現実、それぞれとの距離を調整し続けることは、私たちにとってもはや無意識におこなう日常の「ふるまい」となっている。自身の環境をカスタマイズするという超インテリアの感性が広がりつつある気配は、このような「ふるまい」が私たちの身体感覚として洗練されてきたことを示しているのではないだろうか。この「ふるまい」は、私たちの「普通さ」のなかにも総合性への欲望が微かに潜んでいることを示している。それは「情報を減らさない」超インテリアの空間環境と共鳴しうる感覚である。

メタバースのように完全な仮想現実世界を基盤としたコミュニケーションがなかなか普及しない理由は、VRゴーグルなどの機器が高価であることだけではもちろんない。仮想性、現実性との距離感がルールとしてほとんど固定された環境ともいえる現在の仮想現実世界は、いわば旧来の意味での「インテリア」のように閉じている。それでは、超インテリア時代の「ふるまい」を投影するにはまだ不十分なのである（P24参照）。

この身体感覚はあらゆる「パッケージ」について同様に発現されうる。すなわち表面にあらわれる情報の仮想性と、その内部に隠された現実性、そのそれぞれへのアクセシビリティをカスタマイズしうることが、これからの製品デザインに求められる質となると考えられる。逆にそのような「ふるまい」に応えられないものはしだいに価値を失っていくだろう（◈3―10）。

パッケージデザインからシステムデザインへ

「機能」、そしてそれがつくる「パッケージ」は述べてきたように近代社会の必然ともいえ

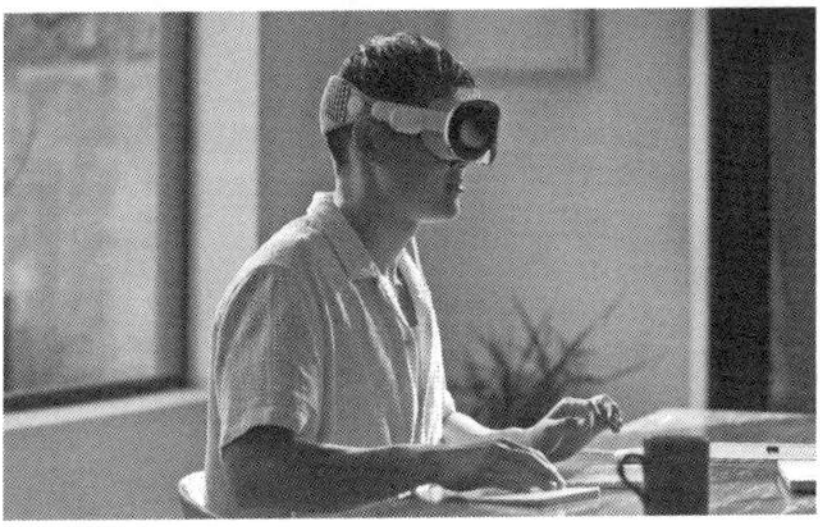

◆3-10 Vision Pro（Apple社 2023年） 装着型AR（拡張現実）ディスプレイ一体型の「空間コンピューター」。現在の技術ではまだ主として視覚に頼ったインターフェイスであることはやむをえないが、まさに仮想と現実との距離を調整し続ける「ふるまい」を意識したデバイス（アップルジャパン・プレスリリース［https://www.apple.com/jp/newsroom/2023/06/introducing-apple-vision-pro］より引用）

るものであるため、その仮想性を含め、完全にそのフィルターを消し去ることなどはできない。しかしそのパッケージの見えかたが、下部構造へのアクセスを拒絶するようなものであるか、その逆にアクセス意欲を喚起するようなものであるかということは、かなりの程度デザインできるはずである。これは「総合性と専門性の分離を解消することはできないが、それらが対峙して議論する場をつくることはできる」という主張の言いかえでもある。そしてそのアクセスへの意欲、議論への意欲は現代社会にも確実に潜在していると考える。

では下部構造へのアクセス意欲を喚起するような表層のデザインとはどのようなものかというと、それはやはりそう簡単なものではない。そこにはまさに専門性の壁が立ちはだかっているからである。例として、建築やインテリアをつくるというサービスのパッケージデザインを考えてみよう。

ある人が、自身にとって望ましい空間を得たいと考えたとき、その設計や施工の依頼先を一体どうやって選べばよいのか。基本的に一品生産、注文生産である建築計画というもののプロセスが大量生産品のように洗練されたパッケージとならないことは当然ではあるが、建築家、工務店、ハウスメーカー、ゼネコンなど、最初に扉をたたく相手の業種から選択しなければならず、その選択方法の示唆も乏しいという現状はあまりにも不親切すぎないだろうか。パッケージ化が進んでいるハウスメーカーの規格住宅を選択したとしても、結局その敷地に対応した調整は必要であるため、それなりの手間と気苦労が求められる。このような入口のハードルの高さこそが、社会と建築界の意識を乖離させた最大の原因でもあるだろう。複雑な下部構造の外観を、「情報を減らさない」ように、しかも魅力的にデザインするということはかくも難しい。

しかし「リノベーショナリズム」を許容したことからもわかるが、建築は洗練されていないパッケージであるがゆえに、変化の予兆を投影しやすいものでもある。天井や壁の仕上げを取り払う、設備や構造軀体といった下部構造的な要素を隠そうとしない、といったリノベーショナリズムのデザインが、アンチ・パッケージの方向性をもっていることは明らかだが、ただパッケージを取り払うというだけでモノと人の関係性がつくれるわけではないことはいうまでもない。やはりパッケージに代わるインターフェイスをデザインする必要がある。

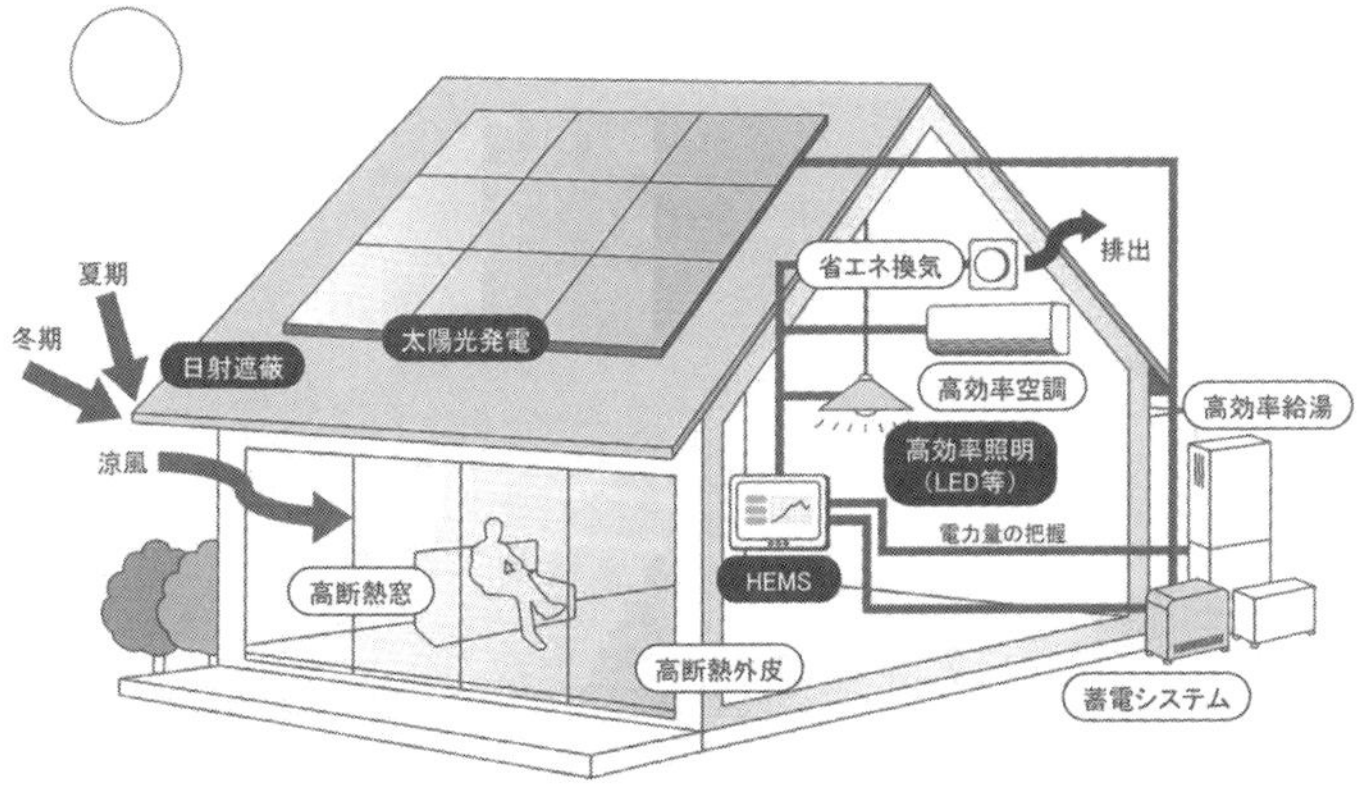

◆3-11　ZEHとHEMS（経済産業省 資源エネルギー庁）
ZEH住宅のエネルギー管理システムとして中央にHEMSが設置されている。『2030年度におけるエネルギー需給の見通し』（資源エネルギー庁）では、2030年度のHEMS・スマートホームデバイス導入率を全住宅の85%としている

ZEH（ゼッチ、Net Zero Energy House）に欠かせない、住宅の設備をトータルに管理するシステムにHEMS（ヘムス、Home Energy Management System）というものがある（◆3―11）。典型的なパッケージ製品ともいえるものなのだが、国が主導する規格であることもあって、多くの電気・通信メーカーがHEMSの中央装置をつくっている。基本的にどのメーカーのHEMSも機能は同じなのだが、壁に設置されるコントロールパネルの初期画面を見比べてみると、その表示内容は結構異なっていることがわかる。A社の場合は「今使っている電力は○W、今月使った電力は○kWh、昨日（月）よりこれだけ節電できました」といった感じで簡潔に結果が表示

されている。Ｂ社の場合は家の概念図が表示され、ソーラーパネル、エアコン、ＩＨ調理器、給湯器、そして外部からの受電と売電などの配線ネットワークに沿ってそれぞれの電力の流れ量が表示されている。Ａ社のコントローラーが実際におこっている動作の説明を省略して最終情報だけを伝える「パッケージデザイン」であるのに対して、Ｂ社のものは現実の配電システムとの相似性をもったインターフェイスとなっている。もちろんＢ社も抽象化はおこなっているのだが、下部構造との関係性を積極的に表現しようとしている点で、近代における「機能」の本来の理念をより体現しているといえるだろう。このように「情報を減らさない」ことでユーザーをそのシステムに巻き込むような製品デザインをここでは「システムデザイン」と名づける。

先述の、建築やインテリアをつくるというサービスのパッケージをシステムデザイン化しようとするならば、ユーザーの能力を高めるような教育的な手法によって、設計者や施工者の選定をサポートするような職能・システムの配置などが考えられるだろう。また心理的にだけでなく、より直接的にユーザーを巻き込むという意味では、先述した「雑貨化」した建材にも、システムデザインとしての質をもっているものは多い（Ｐ１０６参照）。

機能主義の原理念にも近いこの「システムデザイン」は、現代建築においてはどのような表現となるのだろうか。《ポンピドー・センター》はパリの街並みのなかに現れた異形の美

◆3―12　ポンピドー・センター（設計：レンゾ・ピアノ+リチャード・ロジャース、1977年、フランス）広場側には来館者用の昇降設備、道路側には空調・電気設備などが配置されている。これらの設備がそれぞれの機能によって違う色に塗り分けられ、ファサードの表情を形成している。「ハイテックスタイル」の代表的建築

術館である（◆3―12）。鉄骨の構造体はもとより、あらゆる設備機器が露出しているだけでなく、空調配管＝青、給排水＝緑、電気＝黄・オレンジ、動線＝赤など、種類別に塗り分けられ、その絡み合った線と色が内外観を形成している。このようなデザイン様式は「ハイテックスタイル」と呼ばれ、その技術と造形美、すなわち下部構造と上部構造の調和を目指す表現は現代にまで継承されている。現代ではそれが主として「エコ建築」の様相を呈してい

◈3-13　糸満市庁舎（設計：日本設計、2002年、沖縄県）
数々の環境建築賞を受賞した「エコ建築」。建築の6階まで全面を覆うルーバーはすべて太陽光パネルでできている。巨大な構築物と「エコ」という概念のちぐはぐさは、あくまでもコンセプチュアルな表現行為として受けとめるべきだろう

ることもまた、下部構造と連動した表現を追求するこの様式における必然といえるだろう（◈3－13）。

よく批判されるように「エコ○○」は、それ単体で本質的に地球環境問題に貢献するとはいえないものがほとんどであるが、それがシステムデザインの外観を備えることが多いのは重要である。商業主義に包摂されきらなかった「機能」の表出ともいえるシステムデザインこそ、私たちに「機能」を批評する視界を与えてくれるのだから。そして「情報を減らさない」システムデザインは、いうまでもなく超インテリアの構成パーツが備えるべき特質である（P281参照）。

超インテリアへのアプローチ

手法としての超インテリア

本書ではここまで、これからの日本社会において超インテリアの概念が求められると考える背景と、そこに豊かな可能性を与えるための思考法について論じてきた。ここからはこれまでの考察をふまえつつ、具体的に超インテリアをデザインしていく手法について考えてみたい。

近代以降における専門性の分離と商業主義がつくってしまった「パッケージ」は、さまざまな形で私たちの社会が総合性を発揮する機会を妨げている。また製品の供給者だけでなく受け手の側も自身で考えるという苦労の少ないパッケージを望んでしまっていることによって、この問題は固定化してしまっている。建築やインテリアでも同様の現象はおこっているが、これらの表現が本質的に強く上部構造、下部構造と関わらざるをえないため、パッケージとして洗練されきらないという特徴ももっている。ゆえに建築・インテリアがつくられるという機会を意識的にデザインできるならば、それを専門性と総合性が対峙し、社会が総合性を再獲得していくための基盤とすることができるのではないかと考える。

そのためにまず「超インテリア」を、パッケージから抜け出すためのキーワードとして提案した。「インテリア」は元来、建築という構造物の内部空間、その空間が担保する用途や活動、日々の生活の物品まで、さまざまな空間や概念の階層をまたいだ曖昧な言葉であり、個人や団体の内面性を反映した空間イメージを想起させるものである。しかし一方でどうしても「建築内装」という一般的な語義に縛られ、思考の広がりが制約されてしまう。そこでそれに「超」をつけることで、この言葉の持つ「普通さ」という起点を生かしつつ、さまざまなモノやコトに思考を連続させることができる自由度を与えたのである。

ゆえに「超インテリア」は屋内にとどまるものではないし、プライベート性とパブリック性、現実空間と仮想空間、といった区分の制約も受けない。とはいっても無秩序なカオス状態を目指すのではなく、これらの事物や概念を自在に配合する、すなわち自身にとっての環境そのものを自由にカスタマイズできるという感覚こそが「超インテリア」を形成するのである。


ではデザインの手法として、「インテリア」から「超インテリア」への拡張は、どのような可能性をもつのだろうか。デザイン対象としてのインテリアあるいはリノベーションは、通常かなり「リアライズ」への要求度が高い（P193◆2–30参照）。まず基盤となる建築の形状をはじめとして、かなり具体的な空間や機能条件の数々が複雑に絡み合いながら存在している。そしてそのなかに明確な課題や問題があり、その解決が主目的であることが多い。リノベーションの場合には過去から現在への適合、限定された費用、安全性などが切迫した課題の代表例だろう。古い間取りのマンション住戸をオープンキッチンのあるモダン調のワンルームに改装して商品価値を上げたり、戸建て住宅をあたかも新築であるかのような見栄えに改修したり、耐震性を上げる構造補強をしたりといったわかりやすい課題解決が、現在日本でおこなわれているリノベーションの大半を占める。またインテリアが一般感覚と身近であるがゆえに、「普通さ」の影響を強くうけた「ぐるぐるリアライズ」にも陥りやすい。

「超インテリア」のデザインは、このような閉じた思考に陥りがちなインテリアデザインを解放する。インテリアを取り囲むさまざまな文脈を、前提条件ではなくデザインの対象となりうるものとして捉えることによって、そこで批評されるものは過去ではなく現在そのものとなる。またインテリアの身近さによって生まれるコミュニケーションも表現に取り込んでいくことで、「普通さ」そのものにも穏やかな変革をもたらしうるだろう。すなわち「リアライズ」だけに傾倒せず、その前後にあるはずの「プログラム」、「コミュニケーション」との連続性を意識することで、その空間は大きな文化表現サイクルと一体となるのである。

ここまでの論考をふまえて、次項より、超インテリアへのアプローチ方法を挙げていく。

超インテリアへのアプローチ①　「現代」を相対化する

何度か触れてきたように、リノベーションの一般化によって「過去」を空間デザインにとりこむことが一般化してきた。そこでは安直なノスタルジーにうったえようと過去と現在の対比構造を描くような事例も多いが、ノスタルジーの項でも述べたようにその「過去」は「現在に内在する過去」であるがゆえに、その対比の深まりのなかで相対化されるものは本質的には「現在」であるべきである（P133参照）。現代の社会的感性に潜んでいる、既存の都市や建築空間に対する繊細な違和感を掘り起こし、それらのありかたにゆらぎをつくるような形で、超インテリアへの入口は立ち現れる。

2018年に銀座の数寄屋橋交差点に出現した《銀座ソニーパーク》は、現代都市のなかに鮮やかな対比を描いたプロジェクトであった（◈3−14）。この敷地にはそれまで地上8階建てのショウルーム建築である《ソニービル》が存在していたのだが、その建て替えに伴う実験的な試みとして、建築解体プロセスの過渡的な状態を地上レベルから地下へとつながる立体的な「公園」として整備し、公開した。隙間なくビルが建ち並ぶ超一等地に意図的につ

◆3-14　銀座ソニーパーク（設計：Ginza Sony Park Project、2018-2021年、東京都）
地上部分も地下部分も、この空間がなんであるかを既存の言葉で説明することはきわめて難しい。そのことこそが、この空間デザインの達成を示しているともいえるだろう

くられた「空白」には、まさに「現在」を相対化する存在感があった。

この類例のないプロジェクトについてのステートメントはそれなりに発表されているが、この空間の意味を明確に表明するものとはされていない。実際の空間も、建築としての外観が消去され、地下鉄、地下道と大通りという交通の結節点に組み込まれることによって、構築物としても機能的な位置づけとしても、建築と都市のどちらともいえないような存在となっていた。「プライベート」と「パ

◆ 3–15　Sony Park Mini（設計：Ginza Sony Park Project、2022年、東京都）
地下駐車場から地下鉄への連絡通路の横にある30㎡ほどのイベントスペースとカフェ。エドワード・ホッパーの絵画（P68　◆ 1-19）を想起させるような風景

ブリック」という言葉が内包する私有性と共有性、商業性と公益性、日常性と非日常性、内部と外部、そして「つくること」と「つくらないこと」といった概念のすべてが、そこでは曖昧にされていた。そしてなによりも重要なことは、それが自然発生的な空間ではなく、民間企業が明確な表現的野心をもってデザインしたものであったということである。そのことが「ソニー」の入った名称で認識されることによって、この曖昧さは都市のカオスや商業的な汎日常という理解に収容されない超インテリアの表現となり、「現在」が定義する空間やモノの枠組みに対する批評を喚起したのである。

《銀座ソニーパーク》は２０２３年現在閉館しており、新しい建築に向けた建設工事中であるが、その傍らでささやかに営業している《Sony

Park Mini》も興味深い（◈3―15）。これは地下駐車場の一角にギャラリーのように使える小さなイベントスペースとカフェを設けたものだが、このように都市の公共空間に小さくも明示的にプライベート性の高い空間が入り込んでいる風景も、最近ではよく見かけられるようになってきた。

ウイルス感染症禍の影響でオンライン会議やリモートワークが急速に一般化したことに伴い、鉄道駅などの公共的な場所に置かれるようになった個室ボックス型のワークスペースなどもそのような小空間の例といえるだろう（◈3―16）。同時に普通のオフィス内にも、同様の目的で遮音性のあるブースや小部屋が設置されるようになってきている。トイレがどこにでもあることと同じように、場所を問わずに発生するプライベートなニーズが新たに登場したことによって、都市におけるパブリックとプライベートの混在が一段と深まったのである。このように現代都市の空間形式を解体していく超インテリアの萌芽は、日々、都市に発生し続けている。

◇3―16　Station Work
15分単位で使用できる駅ナカのシェアオフィス。内部は遮音性に優れた複数のブースになっている。駅の乗降ホームでこのニーズがあるならば、およそ都市のあらゆる場所にありうるのではないか

超インテリアへのアプローチ②

コミュニケーションの表現

超インテリアは空間だけでなく、その周囲にあるモノやコトとも連続性をもつ。したがって、その空間がつくられていくプロセスや、そこにおけるコミュニケーション自体もまたデザインに反映される対象となりうるといえるだろう。とはいえ人やモノが集まることを前提とするというだけなら、あらゆる都市・建築空間はもとよりコミュニケーションの場として計画され、その概念に対応した形態となっているはずである。ではそれ以上に積極的にプロセスやコミュニケーションを反映したデザインとはどのようなものなのだろうか。それは一言でいえば「所有のありかたの表現」であると考える。

ひとつの典型的な形としては、「シェアハウス」、「シェアオフィス」といった建築タイプが挙げられるだろう。これらは、近年に一般的となった建築タイプの呼称である。概念自体は昔からあったものといえるのだが、日本ではそのような建築が2000年代に入ってから急激に増えてきている。また「ワークシェアリング」や「カーシェアリング」、「シェアサイクル」、「シェアスペース」など「シェア」という言葉も急激に一般化してきているように見受けられる。

「シェア」の動機や形態は幅広く、単にひとつのモノを多人数で共有することによる購入（賃貸）費用や維持費用の低減という経済効率のみを理由としたものもたしかに多いが、それ以外にも、その共有によって生まれる他者とのコミュニケーション自体を目的としたもの、より積極的に互恵関係を生みだすような仕掛けのもの、地域振興や公共福祉などと関係づけたものなどさまざまなものがある。エコビレッジ（P146◆2―09参照）や同業種・関連業種を集めたシェアオフィスなどの理念や戦略性の強いシェアは、「市民的中間集団《アソシアシオン》」の一形態ともいえる人々のつながりを生みだしている。

徳島県の神山町は山深い里に高度な通信環境を整備してＩＴ系を中心とした企業の誘致活動をおこない、活気のあるコミュニティが形成された、地方創生の成功例のひとつとして知られている。《えんがわオフィス》はその象徴的な存在ともいえる古民家をリノベーションしたオフィスであり、その名の通り大きな面積をもった縁側空間が最大の特徴となっている（◆3―17）。

日本の伝統的な家屋における「えんがわ」は、家のソトとウチの中間領域を形成するものであるが、それは物理的な意味だけでなく空間意識においても同様であり、近隣の人々が自然に集まるような公共性を帯びた使われかたをしているえんがわの風景が、かつての日本には日常的にあった。コミュニケーションそのものを空間表現化し、地域のつながりが形成さ

◆ 3-17　えんがわオフィス（設計：伊藤暁+須磨一清+坂東幸輔、2013年、徳島県）
民家をコンバージョン（用途変更改修）したオフィス。外周に広い縁側を設けて、街に開かれたコミュニケーション空間としている

れていくプロセスに貢献することを意図した《えんがわオフィス》は、超インテリアのデザインの好例である。

神山町のコミュニティの特徴は、元々この土地に縁のあるわけではない人々が、あるライフスタイルや理念を共有することによって集まってきていることである。これは社会のシステム効率のために各機能配置に建築と人を縛りつける近代都市の合理性概念とは大きく異なる。ここにおける成功は、都市的な「機能」に依存する思い込みから解放されれば、人はより自由に場所もコミュニティもカスタマイズしうるという認識が広まりはじめていることを示しているといえるだろう。

超インテリアへのアプローチ③

制度・形式の辺境へのアクセス

現在の建築法規は日本社会が建築を建てることを強く求めていた時代に整備されたものであるため、大掛かりな改修のような工事についての想定が十分になされていないところがある（▼3-07）。法規の項でもとりあげたように近年やっと実状に対応するための法改正がなされはじめてはいるが、それでも大規模なリノベーション、コンバージョンに際しては、どうしても建築法規のグレーゾーンとの格闘が発生しがちである（P183参照）。だからこそ、

◆3-18　新宿住友ビル三角広場（設計：日建設計、2020年、東京都）
超高層ビルの足元の屋外広場（公開空地）を内部化して巨大イベントスペースにしたもの。通常の法基準の枠をはるかに超えたリノベーションが成し遂げられ、類例のない都市景観が生みだされた。正面に見える壁面は元々の超高層ビルの外壁

そのような格闘をのりこえて実現したリノベーション空間の姿は、私たちの「普通さ」にさざ波をたてるような風景を生みだすのである（P21◆0−03、P138◆2−06、P186◆2−27参照）。

そのようななかでも、《新宿住友ビル三角広場》は衝撃的であった（◆3−18）。《新宿住友ビル》（1974年）は日本ではじめて高さ200mを超えた超高層ビルというシンボリックな存在である。詳細な制度の話はここでは割愛するが、超高層ビルという通常の高さや面積の規制をはるかに上回る巨大建築をつくる許可を受けるための条件として、その足元には「公開空地」という屋外広場を設けなければならなかった。この「超高層ビルを建てる交換条件として、その足元に相応の屋外空地を設ける」とい

う考えかたは、近代建築のなかでもル・コルビュジエなどに代表される人間性を重視した思想を反映する形で、日本における超高層建築の基本ルールとされているものである（P241◆3−09参照　▼3−08）。ここで今回おこなわれた、「屋外広場のほぼ全域にガラスの大屋根をかけて屋内のイベントスペースにする」という大リノベーションは、この基準に照らせばありえないはずの改修である。当然、完成した空間は日本の都市景観としていままで体験したことのないようなものとなった。

これは経済成長戦略の一環として創設された「国家戦略特区」という規制緩和制度（2013年制定）の適用を受けて実現したものなのだが、それにしてもそれまで都市を形成してきた理念がこんなにも大胆に覆されてしまったことには驚かされた。政治・経済・文化への影響が多岐にわたるものであるため、その行為の是非を簡単に断ずることはできないが、このように枠組みを突きやぶる気概と仕組みが日本社会にまだ存在していることを示したという点では意義のあるプロジェクトであり、リノベーションのもつ反専門性が壮大なスケールで発現した空間であるともいえるだろう。このように既存の制度や形式という枠組みの辺境にアクセスすることで生み出された新しい風景は、私たちを超インテリアの世界へと誘う。

もちろん建築法規自体の改正がおこなわれたようなときには、より大きな概念の変化がもたらされる可能性がある。先述したように建築の法改正は建築の世界とはやや異なった論理によってなされることも多く、近い話では2025年に省エネルギー基準などの脱炭素対応をはじめとした大規模な法改正が予定されている。しかしそのような改正法が適用された建築が建つまでには時間がかかるため、目に見える変化はゆっくりとおとずれ、場合によっては変化を感知できないままに「空間の支配性」が静かに作動しはじめる。建築空間のあらゆる部分に影響している建築法規は、耐火性や耐震性の規定などで人の安全を守ってくれる一方で、その形や素材を大きく制限もしており、その影響原理が日常的には見えにくいことは建築を専門性領域の存在にしてしまっている一因であるといえるだろう。

しかし風景に変化が生じる瞬間を見逃さなければ、それは空間の支配性を感知し、批評できる最大のチャンスでもある。超インテリアの思考は、新しく生まれる風景、いつのまにか消え去る風景に対して敏感であり続けるためのツールでもある。

超インテリアへのアプローチ④ 新技術による可能性

超インテリアの思考は自身を取り囲む身近なモノやコトを起点にして、さまざまな外部へと手をのばしながら自由に広がるものである。したがってその世界像も論理的に導きだされるものではなく、偶発的に、多様に構成されることになる。この原理は実は、現在「生成系

AI」として騒がれている、インターネット上のビッグデータを取り込んだ学習から文章や画像を生成するシステムとも類似している。ここでは第二章でも触れたAIと3Dプリンターの可能性を、専門性と総合性の観点から再度整理しておきたい。

現在のAIの基盤となっているのは主としてインターネットなどを介して収集されたビッグデータと、それを自律学習するディープラーニングの理論である（P190▼2−11参照）。インターネット上のビッグデータはその信頼度はさておき固定観念による分類にとらわれないフラットな情報の集積である。しかし同時にそれは現在の人々の感性や常識、すなわち「普通さ」の影響を強く受けた情報でもある。

ディープラーニングは判断結果の正誤からのフィードバックによって判断力を上げていくという学習原理なのだが、その学習のもととなる結果の正誤、あるいは良し悪しはやはり人間の判断に依存する。よく「AIの知能が人間を超えるか」、あるいは「AIに仕事を奪われるか」など、人間とAIを対立的な他者として比較する議論があるが、少なくとも人間の判断をもとに学習する現世代のAIについていうならば、原理的にその知性は人間社会の知性の映し鏡であるという点で、あまり意味をもたない比較のように思われる。

恐れるべきは、映し鏡であるAIが人間の思考の停滞を学習してしまうことによって、AIをも巻き込んだ思考停滞、すなわちより深化した「ぐるぐるリアライズ」状態に陥ってしまうことではないだろうか。逆に人間が新しい価値観の獲得に積極的であるならば、ＡＩも新しい価値観に踏みだすことができる総合性を獲得するだろう。つまり、誰もがＡＩに対して学習材料を与えられる立場になってしまった現代、人間の思考力こそがＡＩの未来を左右するということになる。すなわち私たちが超インテリアの思考をもてるかどうかが、今後ＡＩが設計し、生みだしていくであろう空間の可能性をも左右するのである。

建築３Ｄプリンターは今後、いま多くの人々が想像しているよりもはるかに急速に進化・普及していくと私は考えている。これはもはや建設業界に閉じた産業分野ではなくなりつつあるため、一般工業やＩＴ業界のスピード感で進化していく可能性があるからである。すでに低価格、短工期をうたった３Ｄプリンター建築も発表されているが、やはり非常に大きな費用が投じられる施工の分野における自動化は、ＡＩによる自動設計を上回るインパクトのある変化となるだろう（Ｐ１９０◆２−29、Ｐ１９６◆２−32参照）。

そしてその変化の真に重要な影響は、価格や工法、工期などのわかりにくさという「専門性の壁」の消去である。もちろん建築３Ｄプリンターは非常に高度な技術であり、まだまだこれから多くの技術革新を重ねていかなければならないものである。しかしその原理自体はかなり理解しやすいし、生成プロセスも視覚的に明快である。ＡＩなどで自動化された設備設計や構造解析と連携すれば、建築主が建築形状を思い描いた瞬間にコストや工期が割りだされるようなことも実現するはずである。

AI自動設計や建築3Dプリンターは、超インテリア時代に向けた、社会における総合性の再生のために、専門性の側から打てる貴重な一手である。だからこそ「パッケージ」化させないことがきわめて重要である。これらの新技術を「普通さ」の大量生産ツールとして安易に用いるのではなく、「どう使うか」という議論の途上にあるものであるという自覚とともに前に進めていかなくてはならない。

VR、AI、3Dプリンター、自動運転などの話題が次々と世間を騒がせているように、急激な進化段階にある新技術については、マスコミや専門家などによって過度に期待や不安が煽られることもあるだろう。しかしそのように意味や価値が確定していないモノが広まっていく過渡期にこそ、専門性と総合性が対等に向かい合ったコミュニケーションが求められる。

超インテリア時代の入口において、これらの新技術から目を離してはならない。

超インテリアへのアプローチ⑤

入口のデザイン

建築を新築する場合はもちろんのこと、インテリア改修であっても、いざ実際に手をつけようとすると、一体どのようにそのプロジェクトを始めればよいのかよくわからない、という入口のハードルの高さが、空間づくりを専門性の領域に閉じ込めていた要因でもあることは先述した（P246参照）。空間づくりが複雑な文脈と関わらなければならないものであり、そのプロセスも複雑なものとなってしまうことは当然である。そこにわかりやすさを与えようとすれば、一般解としては、建築や改修を「パッケージ」にするような規格商品化しかないだろう。しかしそこにしかない固有の状況に応じた特殊解としてならば、その入口のハードルを下げることはさまざまな方法で可能なはずである。

そのような「入口のデザイン」は、建築・インテリア業界や公共団体などといった専門性の側がお膳立てしなければならないものとはかぎらない。一番わかりやすいアプローチ例はDIY（自主施工）だろう。現在ではDIYの環境もかなり充実してきており、工具や資材だけでなく、施工方法の情報などもインターネットから相当詳細なレベルで入手できる。また「建材の雑貨化」としても示したように、DIYを前提とした建材製品やサービスもかなり増えてきている（P106参照）。いまやDIYは相当な労苦を覚悟して挑戦するというようなものではなく、一箇所だけ壁を塗装する、気に入った家具をひとつ購入する、といった小さなきっかけから気軽にスタートし、そこからだんだん手を広げていって、やがて大きな改修をしたくなったら専門家に依頼するというプロセスの一部として考えてもよいだろう。そのようなやりかたではできることが限定されてしまうように思われるかもしれないが、実はそうではない。それは与えられた条件に応えることが仕事である専門家にはじめから依頼するよりも、より自由に、より機敏に、自らの生活環境全体をカスタマイズするチャンスに満ちたアプローチである。ただDIYはやりだしたら夢中になりがちなので、ぜひ時折立ち止まって超インテリアの思考を思い返し、その空間の意味を考えてみてほしい。

先述したように専門性と総合性が対峙した議論を生みだすポテンシャルがある、コンペやプロポーザルといった専門家選定プロセスもやはり有効な「入口」だろう（P233参照）。しかしこれらが実施された事例のほとんどが公共のプロジェクトであることからもわかるように、理念は理解できたとしても、一般の多くのプロジェクトには適さないものだと考えられてしまっている実状については検証すべきである。特に案を募るためにはじめに建築条件をすべて決めなければならないことのデメリットや、はたして適切な選考が可能なのかという不安などが、コンペに対する主な否定的理由となっているように見受けられる。しかし本来コンペがその都度決めなければならないのは、「なに（誰）を選ぶべきか」ではなく「どのように選ぶべきか」である。慣例的なやりかたを踏襲するのではなく、そのプロジェクトに相応しい専門家を「どのように選ぶべきか」の議論から始めるならば、コンペはもっと自由に、さまざまな空間づくりへの入口となりうるはずである（▼3-09）。

専門性の側にとっても、もちろん「入口のデザイン」は重要な課題である。「建てるべきではない」社会では、新しく空間をつくるという行為の意義が社会で共有されているわけではなく、それぞれの場や空間において個別にその意味が見いだされなければならない。その状況に対して建築・インテリアへの入口をわかりにくく運任せのものとし続けることは、大局的にみれば業界としてリスクの大きいことである。コンペの場合なども含め、第三者性をもった入口デザインの専門家というような職能も、今後、建築業界が確立していかなければいけない分野だと思う。それは単に発注業務を請け負うというものではなく、先述したようにユーザーの能力を高めるような教育的な手法とともになければ、建築と社会を本質的につなぐものとはならない。

AIや3Dプリンターなどの新技術の開発も、業務効率化のためではなく、プロセスに透明性とわかりやすさをもたらすためのものとして取り組むべきだろう。総合性につながるその可能性は、前項で論じたとおりである。

都市空間についても興味深い入口デザイン概念が登場している。個人や小集団による小さなアイデアとアクションの自由で機動的な展開から波及させて都市を変えていこうとする「タクティカル・アーバニズム」という考えかたは、まさに都市づくり版の超インテリア思考であるといえるだろう（▼3―10）。

これらのいずれの「入口」も、結局は生活者が総合性を備えていないと意味をなさない。すなわち「入口のデザイン」は、その過程において、関わる人と社会に総合性を醸成しうるようなものでなければならないのである。

超インテリアへのアプローチ⑥

対話された空間

超インテリアの思考の最終目的は、空間をつくろうとするときの目的とほとんど同じであるといえよう。すなわち「いい都市」、「いい建築」、そして「いいインテリア」を得ることである。「いい○○」とは価値評価の結果をあらわす言葉であるため、他者との価値観の共有を前提にしている。もし他者との共有性が一切なければ、そうと呼ばれることも、そうである必要もない。

さらにトクヴィルの指摘のように、その価値観の生成には自分自身が関与すべきである。「流行のスタイルである」「有名デザイナーの手による」「話題の高性能である」などといった定式化した売り口上から生まれる実のない価値づけと、そこに加味されたわずかな様相の差異によって「いい◯◯」ともてはやすような行為に、私たちはすでに違和感を覚えはじめているのではないだろうか。それこそが専門性の優位に対する総合性の反発である。価値観を押しつけるような専門性の優位は、マスコミによる情報提供と同じく一方通行の価値決定であり、そこに総合性と専門性の真剣なコミュニケーションは存在しない。

ゆえに「いいインテリア」は「対話」からはじめられなければならない。公共建築ならばコンペのような形式でもいいし、もっと小さい規模で家を改装するときの家族会議でもいい。もし自分一人のためのプライベートルームなら、自分の心との対話でもいいので、まず「いいインテリアとはなにか」を話し合ってみてはどうだろうか。「インテリア」を「いいもの」にしようとするならば、おのずと個人の幸福と社会的合意との関係性に言及せざるをえず、それは総合性の判断力を要求するだろう。このとき「インテリア」は完全にプライベートなものではないし、同時に「インテリア」の外部も完全に非プライベートなものではない。そして対話の痕跡が反映されれば、その「対話された空間」は、さらに新たな対話を誘起する力をもつだろう。

本書の第一章、第二章の文章にはすべて疑問形の見出しがつけられているが、これは空間における対話の痕跡の見つけかたの例示でもある。ひとつの空間があらゆるモノやコトとつながりうるものだと感覚するための第一歩は、目の前の空間にちりばめられた人と人、人とモノ、モノとモノの対話の痕跡を探してみることだと思う。人によってつくられた空間に対すれば、「なぜここにこの大きさの窓を開けたのか」「あの物体はなにか」「なぜここに階段があるのか」「なぜこの仕上げなのか」「なぜこの寸法なのか」など、問いかけは無数にできるだろう。人がつくったものである以上かならず正解はあるのだが、その正解に到達できなくても構わない。その思考の積み重ねこそが自身の環境とのコミュニケーション、すなわちそこに新たな対話を重ねるということなのである。

天井を取り払ったインテリアについては本書でも何度か触れたが、この写真もそのようなデザインのアートギャラリーである（◈3―19）。街を歩いていてこのギャラリーを見かけたとき、もしここに天井が張られていたらどうなっていただろうかと考えてみた。そのときには周囲の壁面と同様の塗装仕上げの平らな天井に、天井エアコン、防災機器、そして何筋もの照明用のレールと多数のスポットライトが設置されることになる。それらの機器はアート展示のための白い無垢な空間に顔を出してきた雑物のように見えることだろう。対して現状は、上部構造である展示壁面と下部構造である設備機器や構造躯体が明確な対比を描いてい

◆3-19　ビルの一室をリノベーションしたアートギャラリー（東京都）

るため、展示壁面の印象に天井の機器が干渉せず、より展示物に集中できるように感じられる。躯体や配管がすべて白く塗装されていることは、その対比のコントラストを少し抑えて、展示されるアートが色調や明暗による視覚的影響を受けないようにと考慮した結果だろう。そしてなにより、天井と取り合っていない展示壁は位置を移動することが容易なため、展示替えの際にはより積極的な演出が可能になる。この空間が多くの思慮を経てこのようにデザインされたことが、この問いかけによって理解できたのである。

これだけシンプルなインテリア構成においても、このようにさまざまな対話の痕跡をみつけ、そこに対話を重ねることができた。超インテリアの思考とともに歩けば、街はこのような対話の機会に満ちている。

結語

超インテリアは情報を減らさない

社会が総合性をもたなければ、ＡＩも総合性をもたない

本書で考察してきたように、現代の日本社会において、人々が自らの生活環境として意識する対象は「都市」や「建築」から、インテリアも含めた「建築の大気圏」へと変化しつつある。そして序章で挙げたその背景を概観しても、そこにインターネットやスマートフォンによる人やモノのコミュニケーション、ＡＩや自動運転、３Ｄプリンティングなど、現代の情報・通信をはじめとした科学技術の進化が大きく影響していることは間違いない。そしてこれからおとずれる超インテリアの時代も、それらの技術との相互作用のなかで進んでいくことになるだろう。

先日、私も参加したある建築設計コンペの二次審査会がオンライン会議形式でおこなわれた。一般に二段階方式のコンペとは、一次審査でまず設計図書を審査して上位の提案を数点まで絞り込み、二次審査ではその数点の応募者に面接してその設計者としての適格性を審査する、というものである。その二次審査がオンライン会議形式だったのだが、「人」を審査する二次審査会はやはり本来は対面でおこなうべきだろう。実際に体験してみても、最後ま

でちぐはぐな印象が残った。

この違和感は、オンライン会議システムを、従来の対面の会議と互換性のあるものとして扱ったことによって生じている。ズームのようなオンライン会議アプリは２０２０年にはじまった新型コロナウイルス感染症の流行下での行動規制によって急速に世界中で普及したものであるが、このような新しい技術を手にしたときにこそ、総合性の判断力が求められるのである。この事例でも総合性によって「どのように選考するべきか」が慎重に思考されなければならなかったのではないか。

これからの数十年はおそらく、近代がつくりあげてきた社会システムを見直さざるをえない変革の時代となる。そこに登場してくるさまざまな新しい技術もとりこみつつ生活環境に新しい価値を築いていくためには、社会と個人が総合性の判断力をもたなければならない。その必要性をここまでさまざまな形で検証してきた。


情報技術とは、「情報を減らす」技術であるともいえる。ここでいう「情報」とは、データ量のことではなく情報理論でいうところの「情報エントロピー」に近い。「情報エントロピー」とは情報の乱雑さ、不確実さを示すものである。たとえば1から6までどの目がでるかわからない普通のサイコロの出目の情報エントロピーは約2・58だが、1しかでないイカサマサイコロの場合の情報エントロピーは0となる（▼4―1）。「情報（エントロピー）を減らす」とはすなわち、予測できないさまざまなことが起こる可能性を減らしてアウトプットの様相を簡略化することを意味する。

世界にある無限の情報がインターネットという情報基盤に集約されたこと➡インターネット上の膨大な情報からネット検索システムで必要な情報をピックアップできるようになったこと➡その検索された情報をＡＩがシンプルな言葉や画像にまとめてくれること、というこの30年あまりにおこった私たちの情報環境の変化において、基本的にアウトプットの情報エントロピーは減少し続けている。Google検索で何百件もヒットしていた情報が、生成系ＡＩによって一つの文章というアウトプットになることを社会は情報技術の「進化」と捉えている。すなわち情報技術はその本質性として、本書で問題視してきた「パッケージ」を形成するのである。

そしてここでパッケージ問題が生じる。先述したように少なくとも現世代のＡＩは社会の人々の思考力の映し鏡である（Ｐ２６６参照）。ところがそのＡＩの進化によってアウトプットとしての情報が減っていくと、その受け手である人や社会に総合性が形成されなくなってしまい、その映し鏡であるＡＩも当然一緒に、総合性を失った「ぐるぐるリアライズ」装置となっていってしまう。このような文化的停滞のスパイラルに陥らないためにも、この変革期においてこそ私たちは総合性、すなわち「情報を減らさない」ことから生まれる判断力を能動的に獲得しなくてはならない。

超インテリアへのアプローチ⑦

情報を減らさない

建築・空間のデザインも同様にパッケージ問題をかかえている。伝わりやすい、一見して格好いいデザインをつくろうとするときには「情報を減らす」ことが非常に効果的であり、私自身も油断すると、その空間に影響している文脈の大半を強引に切り捨て、残したシンプルな論理でデザインをまとめ上げるような手法に陥ってしまいそうになる。先述のようにここにおける「情報」は「情報エントロピー」を意味するので、シンプルでミニマルな空間はすなわち情報が少ない、ということではない。「情報を減らす」デザインは、「○○というコンセプトによるデザイン」、「○○風○○」と一言で説明しやすい空間を生む。そしてそういった空間が「普通の上《じょう》」のデザインとして巷に溢れ、評価され、社会から総合性を遠ざけている。

前章で仮想環境について書いたように、私たちは日々受け取るパッケージ化された情報と、不確実な情報をもったリアルとのバランスをとるような「ふるまい」を無意識におこない続けている（P243参照）。しかしその「ふるまい」の背景に潜んでいる総合性への欲望に気づかないままでは、そのバランス感覚も商業主義や急激な技術進化のなかで歪んでしまいかねないだろう。内なる総合性を豊かに活性化するためには、「情報を減らさない」超インテリアの思考が必要なのである。

もちろん「情報を減らさない」だけでは、総合性と共鳴する空間デザインを生みだすことはできない。ただ多くの文脈をそのまま乱雑に反映していくだけのデザインでは場の機能性を高めていくことはできないし、ただ漫然と情報を整理しただけのデザインはごくありふれた様相をつくるだけだろう。

超インテリアが総合性の基盤としての質を備えていくために、そのデザインに求められるのは、「総合性をデザインする」という感覚であると考える。論理を超えた「なんとなく」の判断力である「総合性」は、本質的に主観的であり、ゆえにある個人、集団、場などに固有のプライベートなものである。そう考えれば、そこに存在するモノやコトが、「建築」そして「建築の大気圏」にあるあらゆるモノやコトと連続性をもちながらも、明確な個性をもった表現を形成しうるということに矛盾はない。すなわち「総合性そのものをデザインすること」は可能なのである。

そのような総合性のデザインとは、どのような姿となるのだろうか。

◆4-01　3×3 Lab Future（インテリア設計：乃村工藝社、運営：大丸有環境共生型まちづくり推進協会［通称エコッツェリア協会］、2016年、東京都）たくさん配置されている緑はすべて本物の植物。単なる「背景」ではない存在感がある

大手町の超高層ビルの一階にある会員制のコミュニケーションスペースである《3×3 Lab Future》は、会議や集会的な使われかたの空間であるため一見すると、いわゆるコワーキングスペース、シェアオフィスのようなものに思えるが、そのコンセプトはまったく異なっている（◆4-01）。もちろん会員は会議やセミナーなどで使用することも可能なのだが、仕事の場ではなくコミュニケーションの場であるという運営方針により、内部にはきちんとした個室はひとつもなく、壁も少

ない。オンライン会議に必須の個人用ブースも置かないという徹底ぶりである。会員は皆ことは別に仕事場をもっているため、この空間内でビジネスや活動が完結するイメージもない。

空間の機能は全体に曖昧なのだが、本格的なキッチン設備や、大きな植栽エリア、最新の通信やAV機器など、とにかくモノが多く、「なんにでも使えるスペース」というよりは「なにをやるにしても工夫して使わないといけないスペース」になっている。一元的な概念や機能によって説明しえない空間は、そこに存在しないさまざまな事物とも自由に関係しうるという、情報エントロピーを減じない気配を備えている。インテリア全体の雰囲気として、パブリックとプライベート、ビジネスと遊び、外部空間と内部空間、といった感覚がここまで定位しない場もめずらしいだろう。それを強調するインテリアデザインとして、店舗やラウンジなどではない主活動スペースの内部としては異例なほど本格的な植栽や壁面緑化が、かなり効果的に作用している。

設計事務所サポーズデザインオフィスの東京事務所である《社食堂》は、まさに超インテリアの思考が実体化したような好例である（◈4-02）。一言でいうと設計事務所と飲食店が完全に同居している空間なのだが、よくカフェでノートPCを広げて働いている人がいるような、パブリック・スペースにプライベートが持ち込まれているという印象とはまったく異

◆4-02　社食堂（設計：サポーズデザインオフィス、2017年、東京都）

なる。普通の設計事務所と、カジュアルな雰囲気の飲食店が、雰囲気や機能性を調整するような特段の身振りもなく同じ空間に置かれているのである。

このように情報エントロピーが減らないことにより、はじめての来訪者にとっては空間構成の論理がすぐには読みとりにくい不思議な状況となっているのだが、自社で計画、運営しているものなのでもちろん同社にとっての必然は成立しているのだろう。仕事をすることと、食事をすることは、その主体となる者にとっては本来連続性をもっている事象である。それらを実空間においても連続させることをためらわない感性が、プライベート性をおびた環境像、すなわち超インテリアそのものを生みだした。

本執筆時点（2023年5月）には未完成だが、同社の広島本社屋は飲食店や店舗、そしてサウナ風呂施設がひとつの建築に同居しているものとなるらしい。プライベートな欲求によってカスタマイズされるという都市空間イメージを、情報技術のフィルターを通さずにそのまま実体化したようなこれらの空間は、「普通さ」の反撃を総合性のデザインにまで引き上げたものであるといえるだろう。

実はこれらに似た、パブリック性をもったワーキングスペース、店舗、ギャラリー、カフェなどがミックスされた、特定の言葉で説明しえないような曖昧さをもった空間が、いま東京都心のあちこちで見かけられるようになってきている。多くは巨大なビルの低層階などに配置されているのだが、その背景には、実のところ都心の巨大ビルのスペースが余ってしまっていることがあるのではないか、とも思われる。既成のスタイルの店舗やオフィスのためのスペースはもう十分にあり、すでに仮想空間との競合も余儀なくされている。そこで新しいスペース概念を設定しないと、いまだに生産され続けている都心の床面積を充填しきれなくなってきているのではないか（P18▼0-05参照）。

このことはインテリアも建築と同様に、つくることの意味が問われるものとなっていることを示している。実際にそのような例も多いのだが、都市のダブついたスペースにただ多機能を曖昧に混ぜた今風の商業、業務スペースをつくってみたというだけでは、それはすでに価値観の再生産であり、情報は減ってしまっている。そこでは総合性のデザインは成立していない。

例示したような空間は、超インテリアにおける「情報を減らさない」特質、そして「総合性をデザインする」という意識をよく示している。これらの空間を体験していると、情報を減らさないこと、一般解ではない個性をもつことが、けっして非効率的なわけではないと実感させられる。SDGsに挙げられているようなさまざまな社会問題がまさにいまその局面にあるように、この近代社会の閉塞状況をのりこえるためには、問題を単純化せず、多様で、システム化しきれない個々の事物の個性と真摯に向き合っていくということが間違いなく必要であり、いま私たちはその手段と感性を獲得していかなければならないのである。それは社会や都市のシステムを組み直すことによって新たな包括的世界システムを構築するというような大掛かりなイメージではなく、それぞれの人の身の回りにあるモノやコトとの関わりを起点として、自由で多様な環境が生まれ、並存することを許容するという、まさに超インテリア的なイメージによって導かれると考える。すでに現れつつあるその変革の予兆を多くの人々が感覚し、その感覚を通して自身の環境をデザインするための総合性を獲得していくことこそが、来るべき超インテリアの時代を意義あるものとするだろう。

これが、このインテリア化する世界において、本書がいま「超インテリアの思考」を提唱する主意である。

あとがき

本書のきっかけとなったのは、『雨のみちデザイン』というウェブマガジン（発行：タニタハウジングウェア）のリレー式コラム「驟雨異論《しゅうういろん》」に2020年から一年間にわたって連載した文章です。そこでは本書でも重要なキーワードとなっている「建築の大気圏」をテーマとして、建築にまつわるいくつかのモノ・コトに対する論考を書かせていただきました。本書でも、このときの文章に修正を加えたものを一部に用いています。そしてこの『雨のみちデザイン』の企画・監修を担当されているプロジェクト・プランナーの真壁智治さんに力強く背中を押され、そのテーマをより深めた本をまとめてみようということになりました。

そのようなわけで、実は本書は当初インテリアの本として構想されたものではありませんでした。しかし「建築の大気圏」について考えを進め、また建築家としての設計業務のなかで実感する建築界の状況を検証するうちに、いま自分が設計しているもの、あるいはいま自分を取り囲んでいる空間のイメージが、「建築」ではなく「インテリア」に近いということに気づきました。実際いつのまにか、私の設計事務所の仕事の半分以上がリノベーションとインテリアになっており、私はすでに「建てるべきではない」社会のなかにいたのです。

もうひとつの衝撃はやはり、２０２０年からの約３年間、新型コロナウイルスの大流行に伴う行動制限によって、世界と日本の社会活動が非常に大きな影響を受けたことです。オンライン・コミュニケーションや在宅勤務の一般化、流通の乱れによる物価の高騰、飲食店や小売店舗へのダメージ、多くのイベントの中止や延期など影響は非常に多岐にわたり、近代社会システムに対する信頼感も大きく揺るがされました。もちろん私個人の生活も設計していたプロジェクトの中止など多大な影響を受けたのですが、そのようななかでも著名人や身近な人々のプライベートルームの映像を日常的にたくさん見たり、ほとんど無人の中心市街地や電車に身を置いたりといった、はじめての空間体験も多々ありました。

また本書でとりあげた地球温暖化、省エネルギー、自動車の自動運転、化学物質問題、そして生成系ＡＩや建築３Ｄプリンターの登場など、気がかりだったいろいろな事象についても、他者性・社会性を意識させる「建築」という言葉をベースにするより、内面性を意識させる「インテリア」という言葉を通して論じるほうが実感に近いと考えるにいたり、本書をインテリアについての本とすることが決定しました。そしてその可能性をより強調すべく「超インテリア」を掲げ、既成の枠組みにとらわれないインテリアの知識と思考についてまとめあげたという次第です。

本書は、建築やインテリア業界のかただけでなく、インテリアをつくろうとお考えのかた、インテリアを学ぼうとお考えのかた、そしてこれからの社会・空間にご興味があるかたなど、広く多くの方々にお読みいただけるように、本文中で難しい専門用語はなるべく避け、用いる場合もなるべくわかりやすく解説するように心がけましたが、もしわかりにくいところがありました場合はぜひ、ネット検索や生成系ＡＩへのご質問などで補完していただければと存じます。また、本文中の人名すべてについて敬称を省略させていただきました非礼も、ここにおわび申し上げます。

最後に、さまざまな形で本書をサポートしてくださった真壁智治さん（エム・ティー・ビジョンズ）、編集者の今井章博さん、晶文社の出原日向子さん、表紙絵を描いてくださった青山邦彦さん、装丁の岩瀬聡さん、その他ご関係の方々、そして本書を手にとっていただいたすべての皆様に、謹んで謝意を表したく存じます。どうもありがとうございました。

２０２３年９月

山本想太郎

掲載写真クレジット

著者撮影

0-01, 0-03, 1-02, 1-03, 1-05, 1-06, 1-08, 1-10, 1-11, 1-12, 1-13, 1-14, 1-15, 1-16, 1-17, 1-21, 1-22, 1-24, 1-25, 1-27, 1-29, 1-30, 1-31, 1-32, 1-33 上 , 1-38, 1-40, 1-42, 1-43, 1-44, 1-52, 1-54, 1-55, 1-56

2-03, 2-04, 2-05, 2-06, 2-07, 2-08, 2-09, 2-10-2, 2-10-3, 2-10-4, 2-11, 2-14, 2-19, 2-22, 2-23, 2-24, 2-25, 2-27, 2-28, 2-33, 2-34, 2-37

3-01, 3-04, 3-05, 3-13, 3-15, 3-16, 3-18, 3-19

4-01, 4-02

パブリックドメイン

1-01, 1-15, 1-18, 1-19, 2-12 図 , 3-02

1章

1-04　浪速丹治 , CC BY-SA 4.0 / 1-07　提供：東リ株式会社 / 1-09　MartinD, CC BY-SA 3.0 / 1-20　Photograph by Christopher Peterson (christopherpeterson.com) CC BY-SA 3.0 / 1-23　N-Lange.de, CC BY-SA 3.0 / 1-26　Stevekeiretsu, CC BY 1.0 / 1-28　Nicolas Mailfait, CC BY-SA 3.0 / 1-34　Will Powell, CC BY-SA 2.0 / 1-35　Kurt Muehmel, CC BY-SA 3.0 / 1-36　Antoine Taveneaux, CC BY-SA 3.0 / 1-37　Maros, CC BY-SA 3.0 / 1-39　Harald Kliems, CC BY-SA 2.0 DE / 1-41　Photo © by Jeff Dean, via Wikimedia Commons / 1-45　提供：株式会社フィル / 1-46　提供：株式会社タカショーデジテック / 1-47　提供：株式会社ワイ・エス・エム / 1-48　提供：クリーンテックス・ジャパン株式会社 / 1-49　提供：株式会社　ビー・アンド・プラス / 1-50　提供：ニチレイマグネット株式会社 / 1-51　提供：株式会社 LIXIL / 1-53　Paolo Monti, CC BY-SA 4.0

2章

2-01　Benh, CC BY-SA 3.0 / 2-02　提供：伊藤暁建築設計事務所 / 2-10　Jordy Meow, CC BY-SA 3.0 / 2-12 写真　Philip Schäfer, CC BY-SA 3.0 / 2-13　Nekosuki, CC BY-SA 4.0 / 2-15　Benjamin Smith from United States, CC BY 2.0 / 2-16　Steve Swayne, CC BY-SA 2.0 / 2-17　Jordan Klein from San Francisco, United States, CC

BY 2.0 / 2-18　くろふね , CC BY 3.0 / 2-29　提供：セレンディクス株式会社 / 2-30 Stable Diffusion で生成 / 2-32　提供：3D Printing Corporation / 2-33 下　roomGPT で生成

3 章

3-06　Netphantm, CC BY-SA 4.0 / 3-07　Kevin McCoy, CC BY-SA 2.0 / 3-08 traveljunction, CC BY-SA 2.0 / 3-09　© F.L.C./ ADAGP, Paris & JASPAR, Tokyo, 2023 E5394 / 3-10　提供：アップルジャパン株式会社 / 3-11　経済産業省資源エネルギー庁「日本のエネルギー 2022 年度版『エネルギーの今を知る 10 の質問』」(https://www.enecho.meti.go.jp/about/pamphlet/energy2022/010/) より / 3-12 上 Jean-Pierre Dalbéra, CC BY 2.0 / 3-12 下 JadeRadula, CC BY-SA 4.0　/ 3-14　江戸村のとくぞう , CC BY-SA 4.0, Wpcpey, CC BY 4.0 / 3-17　提供：伊藤暁建築設計事務所

注釈

序章

▶ 0-01　『新建築』誌2008年7月号「空間表現のディテール　第9回　藤森流ものづくり——高過庵と焼杉ハウス」取材時の対談。ただし藤森のこの発言は記事には収録されなかった

▶ 0-02　『国立競技場』の経緯の詳細については、拙著『みんなの建築コンペ論——新国立競技場問題をこえて』（倉方俊輔と共著、NTT出版、2020年）などを参照のこと

▶ 0-03　『建築ジャーナル』誌2022年10月号に、この安藤忠雄の記者会見の全文が掲載されている

▶ 0-04　総務省統計局　『平成30年住宅・土地統計調査』

▶ 0-05　三鬼商事株式会社『オフィスマーケット / 東京ビジネス地区』2023年5月発表

1章

▶ 1-01　内田賞委員会『内田賞顕彰事績集　日本の建築を変えた八つの構法』（内田賞委員会事務局、2002年）。この書では畳の歴史、寸法、素材などについて詳細に研究されている

▶ 1-02　同書、214頁

▶ 1-03　畳表の販売量は「いぐさ（畳表）をめぐる事情」（農林水産省、令和2年6月）による。また国勢調査（総務省統計局）によれば、2000（平成12）年に日本全国で28,384人であった畳職人数は2015（平成27）年には14,610人と、15年間でほぼ半減している。

▶ 1-04　ユリウス・ポーゼナー『近代建築への招待』（田村都志夫訳、多木浩二監修、青土社、1992年）　文中で「非物質化」はベルギー人建築家アンリ・ヴァン・デ・ヴェルデの言葉を参照した語として用いられている

▶ 1-05　『現代住居コンセプション—— 117のキーワード』(監修:プロスペクター［南泰裕＋今村創平＋山本想太郎］、INAX出版、2005年)「結語　統合モデルとしての住居」参照

▶ 1-06　経済産業省『2050年カーボンニュートラルに伴うグリーン成長戦略』（2021年6月）

2章

▶ 2-01　ジョン・ズコウスキー／ロビー・ポリー『イラスト解剖図鑑 世界の遺跡と名建築』（日本語版監修：山本想太郎、訳：山本想太郎、鈴木圭介、神田由布子、東京書籍、2018年）

▶ 2-02　マルクス・ウィトルウィウス・ポッリオ『建築について』（『建築十書』とも呼ばれる。BC30-23年頃）

▶ 2-03　通称シックハウス法とは、2003年7月1日に施行された建築基準法、建築基準法施工令の改正、および関連告示を示す。具体的な内容としてはホルムアルデヒドを放散する建材に対する使用制限、防蟻剤のクロルピリホスの使用禁止、居室の常時換気などがある。もちろん原因物質はこの2つだけではないし、この2つも含めた原因物質は建築以外の多くの日用品にも含まれているためまだまだ規制は不十分なのだが、影響力の大きい建築という分野で比較的早期に明確な法規制がおこなわれたことの意義は大きい

▶ 2-04　WHOは1987年に室内空気を含む「空気質ガイドライン」を策定して以降、現在までアップデートを繰り返している。最新版は2021年9月22日に公表された

▶ 2-05　この日本における調査結果は、内山巌雄・東賢一「化学物質に高感受性を示す人の分布の経年変化の評価」（厚生労働科学研究費補助金《健康安全確保総合研究健康安全・危機管理対策総合研究事業》シックハウス症候群の発生予防・症状軽減のための室内環境の実態調査と改善対策に関する研究　平成23年度総括・分担研究報告書）による

また新潟県上越市における2017年の調査では、小中学生の12.1%が化学物質過敏症の症状を示していると報告されている（「化学物質過敏症－上越市における調査結果に基づいて－」新潟県立看護大学　永吉雅人准教授等）

アメリカ合衆国についての調査は、アン・スタイネマン教授（オーストラリア・メルボルン大学）らが2016年6月に実施し、2018年までに以下のものなど複数の研究論文で公表した。「National Prevalence and Effects of Multiple Chemical Sensitivities」「Fragranced consumer products: exposures and effects from emissions」

▶ 2-06　WELL認証は、2014年にアメリカ合衆国の公益企業IWBI（International Well Building Institute）が公開した、人の健康に配慮した建物・室内環境及び業務運用の認証システム。2018年に改訂されたv2では、空気、水、栄養、光、運動、温熱快適性、音、材料、心、コミュニティの10の概念と、112の項目によって評価をおこなう。世界で広がりを見せているが、日本では認証取得数は2022年9月時点で24件と、普及はスローペースである

▶ 2-07 『長持ち住宅の手引き』（監修：国土交通省住宅局　発行：財団法人ベターリビング）による

▶ 2-08 『長期優良住宅の普及の促進に関する法律』（2009年施行、2022年改正施行）

▶ 2-09 『DETAIL JAPAN』2007年2月号掲載 隈研吾インタビュー「木のゆるさとやわさを活かして　つくる」（聞き手：山本想太郎）

▶ 2-10　この館名は、この地域におけるアート・プロジェクト「大地の芸術祭　越後妻有アートトリエンナーレ」の総合ディレクターである北川フラムの命名による

▶ 2-11　AI（artificial intelligence、人工知能）：コンピューターを用いて人間の知能に近い働きを人工的につくろうという科学研究分野。ただし「知能」という概念には曖昧さがあり、現世代のAIはあくまでも特定の課題に対して問題解決や推論をおこなうものである。一方将来的に実現するかもしれない、人間の脳と同様に自意識をもって思考をおこなうようなAIは汎用人工知能（AGI）とも呼ばれる。哲学者ジョン•サールは前者を「弱いAI」後者を「強いAI」と名付け「強いAI」がもつ危険性を訴えた。多くの研究者・哲学者などが同様にそれを人類滅亡にもつながりかねない危険性として指摘している

ビッグデータ：一人の人間はもちろん、一般的なコンピューターなどでは管理、分析しきれないくらいの大きなデータの集積。たとえばインターネットにおける全世界の人々の行動履歴のようなもの。そのようなデータが一部の巨大企業によって収集され、利用されることなどの問題性とともに話題となった

ディープラーニング（深層学習）：2006年頃に確立されAIにブレイクスルーを与えた理論。対象を階層的に分析し、その分析の最終結果の正誤を各階層における判断にフィードバックすることを反復して、次第に最適な判断能力を備えていくという自律学習。このプログラムにビッグデータを与えて学習させることで、AIの能力を自動的に高めることが可能。例としてGoogleはインターネット上の大量の画像データを学習させることで、ある画像になにが映っているかを判定する「Google Lens」AIを実現した。現在のAIは基本的にこの理論とビッグデータを基盤としたものである

シンギュラリティ（技術的特異点）：科学技術の急速な進化・変化によって人類の生活に決定的な変化が起こる瞬間を意味する。現在、この用語がAIについて語られるときには、前述の「強いAI」が実現するタイミング、すなわち事実上機械が人間の知能を上回ることになるタイミングを示す。その後はAI自体の進化もAIが実現することになるので、人間がAIに追いつくことは不可能となり制御不能となるなどの危険性が指摘されているが、具体的にそれが実現する時期については想像レベルの予見しかない

▶ 2-12　投資銀行ゴールドマン・サックス社が2023年3月に発表したレポートでは、世界全体では最大で今後3億人もの雇用が生成系AIの影響を受ける可能性があると予測されている。そこでは米国で自動化の影響を受けると推測される職業のランキングも発表されており、1位の「事務・行政サポート」、2位の「法務」に続いて、「建築設計・エンジニアリング」が3位に入っている

▶ 2-13　ChatGPTはサンフランシスコのOpenAI社が開発し、2022年に公開した会話型のAI。会話形式で質問を入力すると文章によって解答を示してくれる。インターネットから得たビッグデータにもとづくディープラーニングによって、答えるべき内容と、それを自然に伝える文章を自動生成するという原理。現状では、正しい答えが返ってこないこともよくあるが、当然、学習が進むことで的確さは増していく。2023年5月現在の最新ヴァージョンはGPT-4。

Bard はGoogle社が2023年に公開した同様の会話型AI

▶ 2-14　2022年2月、株式会社Polyuseが群馬県に、国内初の建築基準法に準拠した3Dプリンター建築物を施工したことを発表。現場で3Dプリンティングをおこなうのではなく、工場で3Dプリンターによって部品をつくり、それを現場で組み合わせて建築を完成させた

3章

▶ 3-01　ジークフリート・ギーデオン『空間　時間　建築』(1941年）では、装飾的で権威的な建築に対して、合理的で社会的な近代建築が礼賛されている。近代建築の主概念である「芸術は必要にのみ従う」(オットー・ヴァーグナー）や「形態は機能に従う」(ルイス・サリヴァン）といった言葉も、建築自体の権威性の否定を示している

▶ 3-02　オランダの建築家ニコラス・ジョン・ハブラーケンが1960年代に提唱した「オープン・ビルディング」の考え方は、空間を、街並み（アーバン・ティッシュ）・住宅建築（サポート）・住戸（インフィル）の3つのレベルに分離して考えた（著書『サポート――マスハウジングに代わるもの』[1962年] など)。それぞれのレベルにおける自由度の考え方はさまざまではあるが、基本的に近代社会制度における空間認識は、このような階層構造をもっている

▶ 3-03　考現学は当初、雑誌への寄稿や展覧会などを通して提唱された。まとめられた書籍としては、今和次郎・吉田兼吉『モデルノロヂオ　考現学』(春陽堂、1930年)、今和次郎・吉田謙吉編著『考現学採集　モデルノロヂオ』(建設社、1931年)、今和次郎著『考現学入門』(藤森照信編、筑摩書房、1987年）などがある

▶ 3-04　転居した世帯数は総務省統計局 HP『東日本大震災が住宅及び世帯に及ぼした影響等について』による。空き家数は総務省統計局『住宅・土地統計調査』による。2018 年には空き家数は約 850 万戸。序章でも書いたように、これは全住宅の 13.6% となる

▶ 3-05　アレクシ・ド・トクヴィル『アメリカのデモクラシー』（松本礼二訳、2005 年、岩波文庫、全 4 巻）など、同書の翻訳は多数出版されている。原著は 1835-40 年に出版されているが、アメリカの南北戦争や、米ロを中心とした国際的な対立、そして民主主義政治の行き詰まりなど、後におこるさまざまな問題を予見するほどに、民主主義の本質を捉えている

▶ 3-06　「形態は機能に従う」は、アメリカの建築家ルイス・サリヴァンがのこした言葉である「形態は常に機能に従う（Form ever follows function）」が短縮されたもの。「住宅は住むための機械である（La maison est une machine à habiter）」はフランス人建築家ル・コルビュジエが著書『建築をめざして』のなかに記した言葉

▶ 3-07　建築基準法の制定は 1950 年。同年に住宅金融公庫も設立されている。終戦後の住宅不足や都市基盤整備に対応するため、1950 年代にさまざまな制度や基準が一気につくられた。しかし 1960 年代後半に総住戸数が総世帯数を上回って以降、現在にいたるまで日本の空き家率（家あまり）は増加し続けている

▶ 3-08　このルールは「総合設計制度」と呼ばれる。建築基準法第 59 条の 2（敷地内に広い空地を有する建築物の容積率等の特例）を根拠としており、公開空地を設けることなどによって容積率制限、高さ制限が緩和される

▶ 3-09　山本想太郎・倉方俊輔『みんなの建築コンペ論――新国立競技場問題をこえて』（NTT 出版、2020 年）参照

▶ 3-10　泉山塁威・田村康一郎・矢野拓洋・西田司・山崎嵩拓・ソトノバ編著『タクティカル・アーバニズム：小さなアクションから都市を大きく変える』（学芸出版社、2021 年）

4 章

▶ 4-1　情報エントロピー（平均情報量）の算定式は、独立した事象が起こる確率をそれぞれ p(1) ～ p(n) とすると、以下の式で算定される。

$$-\sum_{i=1}^{n} p(i)\log_2 p(i)$$

サイコロの場合、n=6, p(i)=1/6 なので、計算結果は 2.584…となる

著者について

山本想太郎（やまもと・そうたろう）

建築家。1966年東京生まれ。山本想太郎設計アトリエ主宰。早稲田大学理工学研究科修了後、坂倉建築研究所に勤務。2004年より現職。東洋大学・工学院大学・芝浦工業大学非常勤講師。建築作品に《磯辺行久記念 越後妻有清津倉庫美術館》、《来迎寺》、《南洋堂ルーフラウンジ》(南泰裕、今村創平と共同設計・監理)など。

著書に、『建築家を知る/建築家になる』(王国社)、共著に『異議あり！　新国立競技場』（森まゆみ編、岩波ブックレット）、『みんなの建築コンペ論』（NTT出版）、『建築設計のためのプログラム事典』（日本建築学会編、鹿島出版会）など。

超《ちょう》インテリアの思考《しこう》

2023年10月30日　初版

著　者　山本想太郎

発行者　株式会社晶文社

東京都千代田区神田神保町1-11　〒101-0051

電話　03-3518-4940（代表）・4942（編集）

URL https://www.shobunsha.co.jp

印刷・製本　中央精版印刷株式会社

企画協力　真壁智治

編集協力　今井章博

ISBN978-4-7949-7387-0 Printed in Japan